Dieter Hildebrandt

Vater unser –
gleich nach
der Werbung

Zeichnungen von
Dieter Hanitzsch

W0180030

GOLDMANN

Umwelthinweis:
Alle bedruckten Materialien dieses Taschenbuches
sind chlorfrei und umweltschonend.
Das Papier enthält Recycling-Anteile.

Der Goldmann Verlag
ist ein Unternehmen der Verlagsgruppe Random House.

1. Auflage
Vollständige Taschenbuchausgabe September 2003
Wilhelm Goldmann Verlag, München,
in der Verlagsgruppe Random House GmbH
© 2001 der Originalausgabe
Karl Blessing Verlag, München,
in der Verlagsgruppe Random House GmbH
Umschlaggestaltung: Design Team München
Umschlagfoto: Foto Sessner, Dachau
Druck: Elsnerdruck, Berlin
Verlagsnummer: 15236
KF · Herstellung: Sebastian Strohmaier
Made in Germany
ISBN 3-442-15236-4
www.goldmann-verlag.de

INHALT

PRAYING CHANNEL

Unsere Nachbarn sind verwirrt.

Es gehen Menschen bei uns ein und aus, die sie vorher nie gesehen haben. Kabel ziehen sich durch den Garten.

Wir gehen nicht mehr einkaufen.

Die Nachbarin aus der rechten Doppelhaushälfte hat schon angerufen. Ganz vorsichtig fragt sie:

»Ist bei Ihnen alles in Ordnung?«

Vielleicht hatte sie den Verdacht, dass Verbrecher uns als Geiseln genommen haben und jetzt auf das Lösegeld warten.

Wir sollten sie anrufen, sie beruhigen und ihr den Grund für diese merkwürdige Veränderung unserer Lebensgewohnheiten mitteilen. Renate ist dagegen.

Sie möchte abwarten, wie lange es dauert, bis einer von den Nachbarn an der Türe läutet und fragt, ob er etwas tun kann für uns. Eigentlich sind wir immer sehr zufrieden gewesen mit unseren Anwohnern. Sie haben sich viele Jahre lang vornehm zurückgehalten, um unsere Kreise nicht zu stören. Und wir taten das Gleiche.

So muss auch niemand etwas für uns tun. Das, was jetzt mit uns geschieht, haben wir uns selbst zuzuschreiben.

Ob wir es durchstehen werden, wissen wir noch nicht.

Wir haben diesen Teufelspakt unterschrieben, wir haben alles besprochen, vorbedacht und mit unserem Gewissen verrechnet. Ein paar nicht unwichtige Punkte in diesem Vertrag habe ich meiner Frau verschwiegen. Aber hätte ich ihr diese zwei Sätze vorgelesen, würde sie ihre Unterschrift verweigert haben. Renate und ich sind in Zukunftsfragen eigentlich recht locker, ja manchmal sogar leichtfertig, obwohl wir uns vermutlich im letzten Drittel, mag sein vielleicht auch Viertel, unseres Lebens befinden.

Der Grund für diesen unbegründeten Optimismus ist sicherlich in der täglichen Zeitungslektüre zu suchen. Nicht in den Ermunterungsschmonzetten im redaktionellen Bereich der seriösen Zeitungen, sondern in den Lebenshilfebeilagen jener Großkonzerne, die entdeckt haben, dass die Alten nicht nur immer älter, sondern auch immer mehr werden. Eine Untersuchung des Familienministeriums hat die Verkaufsstrategen nach Babyboom – Teenyboom – und Booms aller Arten, mit Thirties-Forties und sonstigen Blödy-Booms zum Nachdenken gebracht. Eine förmliche Shopping-Euphorie muss sie geschüttelt haben, als sie erkennen mussten, dass die Alten im Lande sich mäuseartig vermehren.

Ohne direkte Vermehrungsmethoden!

Ein Senioren-Phänomen!

In 50 Jahren sind 36 Prozent der Deutschen über 60 Jahre alt. 28,8 Millionen. 12 Prozent sind 80!

Dann fragt man doch gar nicht mehr, wie viele 70 sind!

Und, so warnt das Familienministerium, die Alten werden immer gesünder. Sie arbeiten schwarz, zahlen keine Steuern und sammeln Geld.

Zitat: »Ein Pensionärshaushalt verfügt heute im Schnitt über 4090 Mark im Monat!«

Sämtliche Versuche, die Alten zu dezimieren, sind erfolglos geblieben. Nicht einmal den Musikterroristen ist das gelungen. Obwohl der Ansatz richtig schien. Nämlich mit der Verdoppelung der Lautstärke von Pop-, Rock- und Schockmusik, mit der Vervielfältigung der Umweltgeräusche, mit Autos, Flugzeugen, mit Motorrasenmähern, mit ohrenbetäubenden Mitteln aller Art die Menschen in die Nervenheilanstalten zu schicken. Bei den Alten hat das den genau gegenteiligen Effekt gehabt. Auf die Frage, warum sie denn so trotzig sind und nicht sterben und ob sie denn wüssten, dass sie damit sämtliche Voraussagen, Planungen und politische Hochrechnungen ruinieren, antworten sie:

»Wir können nicht sterben – es ist uns zu laut.«

Die angebeteten Jungen im Lande, die man als Konsumenten für Gebrauchs- und Luxusartikel aller Art im Verlaufe der nächsten 50 Jahre fest im Auge hat, als Zielgruppe für die hochtrainierte Verkäuferelite Europas, sind durch den zunehmenden Musik- und Geräuschterror auch nicht abzuschrecken. Sie stehen an allen Ecken, haben diese Autistenklammer umgeschnallt, drehen voll auf und sind mit den Jahren schwerhörig geworden.

Es ist gar nicht wahr, dass die jungen Menschen politikverdrossen sind.

Sie *verstehen* nichts mehr!

Renate hat den Begriff »Verinselung« geprägt. Das leuchtet mir ein. Die Masse fängt an, sich zu vereinzeln. Zu verinseln – mit den Alteninseln fing es an.

Die Ungeduld, die älteren Menschen endlich ein bisschen aus der Bahn zu schubsen, damit man nicht dauernd jemanden vor sich hat, steigt in dem Maße, in dem die Alten durch die unverantwortlichen Erfolge der Medizin schubsfester und widerstandsfähiger werden.

Die Bereitschaft der Omas und Opas, folgsam in die Heime zu ziehen, also in die dafür vorgesehenen Alteninseln, sinkt. Nachdem sie, immer noch, viel zu früh aus dem Arbeitsprozess ausscheiden müssen, verfressen, vertrinken, verreisen und verleben sie das Erbe, registrieren die Jungen mit Misstrauen.

Natürlich haben sie keinen Grund, um ihre Zukunft zu bangen. Ungeheure Summen werden von Jahr zu Jahr vererbt.

Die Besitztümer vergrößern sich, die Zäune, die um den Besitz herumgebaut werden, erhöhen sich, die Verblödung der Besitzer, die da drin verinseln, dringt nicht mehr nach außen.

Sie hat sich, die Geistesverblödung, aus ihrer Verinselung befreit und nimmt bereits kontinentale Ausmaße an. Menschen, von denen man genau weiß, dass sie sich beim Bisdreizählen schon erhitzen, outen sich als bekennende Homebörsianer, haben sich die Broker-Sprache angeeignet, würden aber auf die Frage, wo Königsberg liegt, auf den Taunus tippen.

Vermutlich würde man auch Ratlosigkeit mit der Feststellung erzeugen, dass Moses uns ganz schön schimpfen wird, wenn er mit den Gesetzestafeln vom Berg kommt.

Vergleiche, die das berüchtigte Goldene Kalb betreffen, sind zurzeit auch nicht angebracht.

Dass aber in naher Zukunft an allen Hochhäusern der Innenstädte rund um die Uhr die Börsenkurse in Leuchtschrift abrollen werden, das ist abzusehen.

In den Kinos werden sie am unteren Rand der Leinwand während des Films ablaufen. In den Theatern und den Opernhäusern, auf den Fußballplätzen wird man Möglichkeiten finden, sie sichtbar zu machen.

Peter Stein, der alleinige Gott unter den Regisseuren, wird eine 36-stündige *Ilias* inszenieren und von kunstsinnigen Sponsoren finanzieren lassen, die darauf bestehen werden, dass die Aufführung durch 72 Werbeeinblendungen unterbrochen wird.

Bundesligafußballspiele sollen, und das ist bereits schon von den Funktionären erwogen worden, grundsätzlich statt zwei nunmehr vier Hälften haben. Auf die Rückfrage, ob das dann nicht Viertel seien, soll ein Herr des Fußballbundes gesagt haben:

»Nein, das ist uns zu wenig.«

Bandenwerbung, also die Werbung von Banden, die das Einsammeln von Geld von der Pike auf gelernt haben, soll nun endlich auch in den Domen und Großkirchen zugelassen werden.

Es wird daran gearbeitet, eine angemessene Sprache zu finden, die behutsam auf die Produkte aufmerksam macht.

»Lasset uns Gott preisen… mit den Sensationspreisen von ALDI.«

»Finde den Weg zu Gott… und schau dabei mal bei Karstadt rein!«

Oben in den Kuppeln der Dome blinken die Börsenkurse.

Man könnte die Kirchen aus ihren großen finanziellen Nöten retten, wenn man ihren Anspruch auf Feierlichkeit ein wenig lindern dürfte. Man weiß zwar nicht, was, speziell die katholische Kirche, zu dieser plötzlichen Verarmung geführt hat. Hat sie zu viel ausgegeben oder nimmt sie zu wenig ein?

Noch vor kurzer Zeit verfügte der Vatikan über Beteiligungen an Großkonzernen, besaß Autofabriken, Banken, Kapitalgesellschaften, ist noch immer der größte Immobilieninhaber der Welt und nach wie vor bemüht, seinen Angestellten auf jeden Pfennig zu schauen, den sie verdienen.

Man ist da sehr genau. Einem abgefallenen Mönch, der einer Frau verfallen war und den man dafür aus der Gemeinschaft der Kirche, der allein selig machenden, ausstieß, forderte man die gewährte Gewandung bis auf die letzte Socke ab. Als der Arme eine Unterhose unterschlug, konnte man ihm das nachweisen. Die Unterhosen waren nummeriert.

Eine solche Firma muss reich sein. Sollte sie aber wirklich so armselig sein, wie sie tut, dann muss sie den schweren Weg der Versponserung gehen. Die allein armselig machende Kirche sollte dann aber keine halben Sachen machen. Als Erstes sollte sie wie der Fußballverein Borussia Dortmund an die Börse gehen, dann wie Bayern München das Marketing und das Merchandising erlernen, Heiligenbilder wie früher in Massen auf den Markt werfen, den Ablass-Tetzel neu besetzen und die Ablass-Zettel mit einer Fernsehlotterie verbinden. Der Günther Jauch wird auch diese schwere Aufgabe für ein angemessenes Honorar übernehmen! Besser noch, er macht es umsonst, denn Gottes Lohn sollte ihm eine freudige Verpflichtung sein. Sein Vorschlag, die Sendung »BETEN, DASS …« zu nennen, wurde abgelehnt.

Das hat ihn verdrossen, denn dieser Titel, meinte er, würde sich an den Titel einer sehr erfolgreichen Sendung anhängen und machte auch durchaus einen Sinn.

Die Zuschauer beten, dass… der Euro im letzten Moment doch nicht kommt, dass… Bayern München nicht schon wieder Meister wird, dass… nicht *noch* eine Wiedervereinigung kommt. Mit Polen.

Jauch meinte, der Vatikan müsste sich da etwas dem Niveau des privaten Fernsehens anpassen.

Auch die Fragen, die man im Quizteil der Sendung stelle, dürften die aktuelle Intelligenz der Befragten nicht überfordern. Schließlich bekäme die Million ja in diesem Falle der Vatikan, und dem Sieger verblieben lediglich 2000 Ablass-Zettel, wofür er dann allerdings bis zu seinem Tod frei von jeglicher Schuld sei.

Wütenden Protesten der Juristen, dann könne so ein Mensch ja schuldfrei Morde begehen, begegnete die Firma ORA-TV (eine Kirch-Tochter) ungerührt mit dem Hinweis, dass man ein gewisses Restrisiko immer eingehen müsse.

G. J. hat schon eine Fragenzusammenstellungs-GmbH gegründet, die fleißig Fragen aus dem Alten Testament formuliert. Kommentar der evangelischen Kirche: »Wer AT sagt, muss auch NT sagen!«

Das Neue Testament sei schließlich schon alt genug, um bei den Fragen berücksichtigt zu werden.

Zu den schwierigen Fragen gehört folgende: »Welcher Jünger Jesu hat das Schweigen des Goldes versilbert?«

Und diese:

»Hat Jesus gelacht und wenn ja, worüber?«

Die Antwort sollte lauten:

»Als Petrus versucht hat, über das Wasser zu laufen.«

Der Pressevorlauf der Firma ORA-TV fand einige Kritiker in der vatikanischen Verhütungsbekämpfungszentrale.

Der vorgeschlagene Text lautete:

»Wir treten zum Beten
all denen auf die Zehen,
die sich vom Mainstream der Ungläubigen
abtreiben lassen.«

Man einigte sich auf das Wort: abschreiben.

Das ist insofern ungefährlich, als die Kirchen für Einnahmen aller Art sowieso keine Steuern zahlen.

Der Spaßverursacher Raab hat sich übrigens bei der ersten Fernsehkonferenz eingeschlichen und die Fun-Frage eingeworfen, ob man den Namen des Hauptsponsors nicht ändern müsse, denn der allerletzte Satz nach erfolgter Sendung ende mit dem Namen »Hasseröder«. Ob sich die Kirche einen so unchristlichen kategorischen Imperativ leisten dürfe. Er erntete Unverständnis des Auditoriums. Aber man schmunzelte, als er vorschlug, man solle doch mal die Firma Liebfrauenmilch fragen.

Es werden die Zuschauer darauf hingewiesen, dass ein gemeinschaftliches Beten vor dem Fernsehschirm gefordert ist, so wie auch eine Fern-Absolution denkbar sein wird. Am Anfang wird der Moderator zum Gebet aufrufen, aber man muss, wie es bei Privatsendern üblich ist, mit günstig postierten Werbeeinschüben seitens der Sponsoren rechnen.

Der Moderator wird alle Zuschauer auffordern, sich von ihren Sitzen zu erheben, und er wird sagen: »Lasset uns beten.«

»Vater unser…«

»…gleich nach der Werbung.«

DIE LIVE-EIGENEN

Es ist 7.30 Uhr.

Drei Menschen kommen durch den Garten.

Die Hunde schlagen an. Sie haben sich immer noch nicht an die Fremden im Hause gewöhnt.

Besonders die Dame lehnen sie sichtlich und hörbar ab.

Wenn ich einen so sensiblen Gaumen hätte wie unsere Hunde Nasen, wäre ich ein Gastronom mit drei Mützen. Kochmützen, meine ich. Wir essen in letzter Zeit das Essen von Köchen, die bestenfalls zwei Löffel haben. Statistiker treffen hie und da mal die richtigen Sachverhalte. Die Zahlen sagen aus, nach den Erhebungen im vorigen Jahr, dass es genauso viele Magenkranke gibt wie Menschen, die in Kantinen essen müssen. Sechs Millionen.

Noch wartet mein Magen mit Wehtun.

Renate musste auf höhere Weisung hin das Kochen einstellen.

HÖWEI ist unser Zauber-Krisen-Angstwort geworden. Wir werden von HÖWEI gelenkt, getadelt, gelobt und bezahlt. Es ist uns streng verboten, zu recherchieren, wer oder wo oder was HÖWEI ist.

Die drei Menschen, die gerade unser Haus betreten, ohne vorher zu läuten, zu klopfen oder zu klingeln, versteht sich, sind jedenfalls, wenn sie die HÖhere WEIsung entgegennehmen, unangenehm devot. Ereilt sie die HÖWEI im Sitzen, schießen sie aus ihren (unseren!) Stühlen und nehmen Haltung an.

Uns gegenüber haben sie ... ja, eigentlich überhaupt kein Verhalten. Die beiden Herren sind Quereinsteiger aus Polizei und Wirtschaft. Bubi Nefzella ist ein Berg von einem Menschen, trug in seinem früheren Job den Spitznamen »Bubi, der Knüppel«

und soll Bodyguard bei der Gattin eines Ministers gewesen sein. Nach einer unvermuteten Schwangerschaft der zu beschützenden Dame übernahm ihn der Programmdirektor der ORA-TV als Container-Politruk. Bubi trägt ein einziges langes Haar, das er quer über den mächtigen Schädel legt. Er hat also um ein Haar eine Glatze.

Der zweite Überwachungsbeauftragte der ORA-TV heißt Herrmann Roggenstroh und ähnelt dem bayerischen Minister Otto Wiesheu so sehr, dass er von den Gästen, die wir auf Weisung von HÖWEI empfangen müssen, immer zuerst begrüßt wird. In hohen Hotels weigert sich Roggenstroh grundsätzlich, im 15. oder 16. Stockwerk zu wohnen, weil er im Lift nicht an den Knopf kommt.

Einmal in der Woche sind seine gräulichen Haare besonders rot. Er war, bevor ihn sein Onkel, der einmal die Kontoauszüge von Max Strauß aus Versehen zu Gesicht bekam und deswegen in seinen Kreisen bevorzugt betreut wird, an ORA-TV ausgeliehen hat, Pressesprecher einer Privatbank. Oder einer Waschstraße? Da will ich mich nicht festlegen.

Sollte er einmal sein Leben beenden müssen, dann wird er eine brave Frau und zwei Kinder hinterlassen, mit Sicherheit aber keinen Eindruck. Bubi, der Knüppel, beeindruckt durch seinen Namen. Er heißt auch nicht einfach Nefzella, sondern hat, wie es sich gehört, einen Doppelnamen, nämlich Nefzella-Neumann, weil seine Mutter vor ihrer Scheidung von ihrem ersten Mann, dem Polizeimeister Nagel, den Mädchennamen Neumann wieder annahm, den Namen ihres zweiten Mannes aber auch nicht verschmähen wollte, sodass Bubi in seinem Pass den Namen Nagel-Nefzella-Neumann eingetragen bekam.

Wir werden die beiden Herren in den nächsten Jahren zu ertragen haben. Wir wissen, dass sie über alles zu berichten haben, was wir tun, reden, schreiben, dass sie täglich Berichte an HÖ-

WEI liefern, wobei sie mehrere Male am Tag von Carmen Pietsch kontrolliert werden.

Carmen ist die für uns zuständige Redakteurin des Senders.

Renate fragte mich: »Was hältst du von der Dame?«, und ich knurrte: »Ich kenne dieses Modell in 34facher Ausfertigung an mindestens 20 Sendeanstalten.« Renate nickte und pflichtete mir bei: »Was immer du jetzt an Negativem sagst – ich schließe mich deinem Urteil an.«

»Sie ist eine klugscheißerische Ledermaus.«

»Sie schaut durch einen durch. Das ist der Teleprompter-Blick von den Aufsagern bei den Nachrichtensendungen.«

»Stimmt. Man dreht sich um, ob jemand hinter einem steht, der gemeint sein könnte.«

»Ich glaube, diese Dame hält uns für ihre Untergebenen.«

»Genau genommen sind wir das ja auch. Sie hat das Recht, uns in das Wohnzimmer zu schicken, sie gibt uns das Thema, über das wir dort zu reden haben.«

»Und wenn sie dann so dieses Zucken im linken Auge hat, sodass man immer das dumpfe Gefühl hat, dass sie einem zuzwinkert und mit diesem heuchlerischen angehauchten Befehlston sagt: ›Und nun gehen wir bitte wieder zurück in die Ausgangsposition.‹«

»Na ja, und dann gehen wir beide brav zurück in die Küche, wo wir hingehören.«

»Hast du das alles geahnt, als du den Vertrag unterzeichnet hast?«

»Wir! Meine Liebe. *Wir* haben ihn unterzeichnet.«

»Schrei mich nicht an!«

»Wieso? Ich habe nahezu geflüstert.«

»Mit den Augen hast du ge-schrie-hen!«

»Dazu bin ich gar nicht in der Lage.«

»Du solltest dich mal sehen, wie du kucken kannst, wenn du

dich im Unrecht fühlst! Schau mich nicht an. Deine Augen sind Kinnhaken für meine Ohren.«

Die Tür fliegt auf. Carmen steht in der Tür zur Küche und ruft begeistert: »Das war hübsch! Können wir das noch mal haben? Vor der Kamera? Renate, das war eine sehr nette Formulierung!« Renate lächelt. Sie ist geschmeichelt. Wir gehen ins Schlafzimmer. Inzwischen weiß ich, wo die Kameras, die versteckten, versteht sich, lauern.

Renate setzt sich auf das Bett.

»Wir fangen mit meinem Satz: ›Hast du das alles geahnt, als du den Vertrag unterzeichnet hast?‹, an.«

»Das geht leider nicht, Renate, weil sich der Dialog nicht richtig entwickeln kann.«

»Meinst du? Also wo?«

»Es fing an bei *meinem* Satz: ›Sie ist eine klugscheißerische Ledermaus!‹«

Renate schießt hoch, zischt: »Du bist nur neidisch!« Sie stampft hinunter in die Küche und wirft die Tür hinter sich zu. Und ich habe das Vergnügen, der Dame sagen zu dürfen: »Ohne Renate wird es keinen Dialog geben.«

Carmen legt ihre Stirn in die dafür vorgesehenen Falten. Es sind eigentlich Schienen, auf die sie dann ihre Missbilligung schiebt. Sie schaut einen dabei an, als habe man seine Hausaufgaben nicht gemacht.

So ist das auch manchmal. Wir bekommen Aufgaben. Man möchte wohl den Eindruck verbreiten, dass ständiges Fernsehen das Niveau der ehelichen Gespräche nicht verändert.

Die Kameras zeigen zwei Menschen, die vor den Kameras zwanglos leben. Sie unterhalten sich zum Beispiel über den Gottesbegriff bei Samuel Beckett. Jedenfalls war das mein Vorschlag.

Als ich durchblicken ließ, dass ich die Erstaufführung von *Warten auf Godot* in der Inszenierung von Fritz Kortner gesehen und mitbekommen hatte, dass der Jude Kortner mit dem Katholizismus des Beckett Schwierigkeiten gehabt hätte, winkte die Pietsch nahezu erschrocken ab und meinte, sie sehe da einen politischen Ansatz in meinem Vorschlag, und das könne sie nicht zulassen. Das hat mich natürlich nicht zuversichtlich gestimmt für die nächsten Jahre im Greisenghetto.

Es müsste doch endlich möglich sein, um Gottes willen, darüber zu reden. Bevor die Katholiken katholisch wurden, waren sie Juden! Während dieses Gesprächs versuchte Renate mir dauernd mit ihren Augen mitzuteilen, dass es völlig sinnlos ist, dieser Dame etwas mitzuteilen. Vermutlich hat Renate Recht. Carmen ist allem gegenüber misstrauisch, was sie nicht selber weiß.

Sie weiß sehr viel, denn sie ist aufgewachsen in der Welt, als die Game- und Rätselshows das Restprogramm an den Rand drückten. Für sie ist, glaube ich, die Menge des Wissens entscheidend, nicht die Frage, warum man etwas wissen möchte.

Als ich, etwas beharrlich, zugegeben, dann noch mal erwähnte, Heinz Rühmann habe damals den Estragon gespielt, lächelte sie großmütterlich weise und meinte: »Ist schon ein bissel länger her, nicht wahr?«

Das macht sie öfter. Mit mir, nicht mit Renate. Carmen ist schlau. Sie versucht gemeinsam mit Renate, mich zu veralzheimern. Da wird sie Pech haben.

Meine Frau hat ihre Rolle viel früher begriffen als ich. Sie spielt die etwas jüngere, lebenskluge, kompromissbereite, witzige und charmante Ankerfrau, in Abwandlung des hereingebrochenen Begriffs Anchorman.

Carmen begreift nicht, dass ihr Renate längst die Regie unseres »So ist das Leben«-Spiels abgenommen hat.

Mit mir ist Renate nicht zufrieden.

Sie meint, ich dürfe die Pietsch nicht allzu sehr reizen, weil sie sonst »echt« böse werden könnte, und das möchte sie vermeiden.

Dass unser Leben, das Leben zweier älterer Menschen, als Lebenshilfe für andere ältere Menschen gesendet würde, also als Aufzeichnung zu gelten habe, aber doch »live« sei, das sei ja schon pervers genug, und man könne das guten Gewissens nur mitmachen, weil man für die nächsten Jahre mindestens von der Angst befreit sei, Hauptdarsteller bei der zukünftigen Rentner-Katastrophe zu werden. Die ORA-TV hat unsere Zukunft mit sämtlichen daraus entstehenden Kosten übernommen.

Carmen trägt, gemeinsam mit ihren Helfern Nefzella und Roggenstroh, die Verantwortung für unsere Gesundheit, unsere Arbeitsbereitschaft und für die Erhaltung unserer relativ unbeschadeten Geisteskräfte.

Wenn wir »drauf« sind, also »on«, also auf Sendung, schreckt sie uns mit ihren unsinnigen Bildungsfragen.

Vor der Zeit mit uns hat sie bei irgendeinem Privatsender eine »Ask and Answer«-Show moderiert. Die Fragen verlangten blitzschnelle Antworten, wie überhaupt die ganze Sendung blitzschnell ablief. »AaA« war die Nachfolgesendung von »Witch-Wutch«, einer direkt aus den USA geklauten VIP-STRIP-Show. Wer nichts wusste, war am Ende nackt. Niemand hatte geglaubt, dass VIPs sich nahezu aufdrängen würden, um ihre Kleidungsstücke abzulegen. Nach zwei Jahren sackte die Einschaltquote dramatisch ab. Die Zuschauer kannten inzwischen jeden nackten VIP-Hintern und begannen sich zu langweilen.

Carmen Pietsch hatte in dieser Serie die Aufgabe, die Fragen zusammenzustellen. Konnten die Kandidaten die Frage nicht beantworten, musste die Pietsch »Witch« sagen, und die Unwissenden mussten ein Kleidungsteil ablegen. Wurde die Frage zufrieden stellend beantwortet, sagte Carmen »Wutch«, und der Kandidat oder die Kandidatin durfte sich ein Kleidungsstück wieder anziehen. Die Sendung ist schon mehrfach für den Grimme-Preis nominiert worden.

Gleich am ersten Tag unserer Containisierung ist uns mitgeteilt worden, Carmen Pietsch habe eine »reiche Fernseherfahrung« auf dem Unterhaltungssektor.

Und in der Tat, es ist erstaunlich, wie sie das TV-Gewerbe schon verinnerlicht hat. Weil sie genau weiß, dass in unserem Haus in allen Schränken, Schubladen, hinter allen Lampen, Gardinen und Teppichen Kameraaugen lauern, geht sie den ganzen Tag mit einem strahlenden Auftrittslächeln durch das Haus. Klo und Küche sind kamerafreie Zonen. Das steht in unserem Vertrag. Weil das so ist, habe ich, sofort nach ihrem Eindringen in die Küche, der Pietsch in höchst unfreundlichem Tone gesagt:

»Frau Pietsch! Sollten Sie noch einmal auf die Idee kommen, ohne anzuklopfen unsere Küche zu betreten, werde ich der ORA-TV darüber Mitteilung machen. Sie haben Ihre Kompetenzen überschritten. Laut Vertrag ist die Küche unsere absolut wanzenfreie, kameralose Lebensrestnische. Was meine Frau und ich in der Küche sagen, denken oder schreiben, das geht Sie *nichts* an!«

Carmen versammelte ihre Gesichtszüge zu einem öden Lächeln und verließ wortlos den Kampfplatz.

Renate hatte sofort Angst, dass damit unsere Altersversorgung gescheitert sein könnte.

Es ist nicht meine Schuld gewesen, dass ich uns für das »Container-Casting« angemeldet habe. Ausschlaggebend für diesen letzten Schritt in die Unfreiheit ist der Versuch gewesen, die Rentenreform zu verstehen und zu durchschauen.

Als gestern Nachmittag beim täglichen Five-O'Clever-Clock im Home-Center, also im Wohnzimmer, Carmen Pietsch mit ihrem strahlenden Dauer-Smiling zu den Klängen einer allgäuischen Kuhglocke auftrat und die 1000-Euro-Frage stellte, wie das Tier hieß, an dem diese Glocke läutete, schien es uns so, als ob das richtige Beantworten dieser Frage eine Kapitulation, eine endgültige Aufgabe unserer menschlichen Würde sein könnte.

Ich sagte dann, ich nähme einen Joker oder so was Ähnliches, und bekam als Ersatzfrage:

»Wie viele Elefanten sind bei Hannibals Alpenüberquerung abgestürzt?« Das hat mich überfordert. Carmen Pietsch hat mir gleich danach die Zahl genannt, ich habe sie vergessen. Plötzlich hatte ich den Verdacht, dass hinter der scheinbaren Sinnlosigkeit dieser Fragespiele ein Konzept stehen muss. Man will uns bis zum Zeitpunkt unseres Ablebens die Zeit verkürzen. So wie man Kindern die Zeit vertreibt, wenn man im Auto zum Urlaubsort strebt. Das beunruhigt mich. Wenn der Tod durch die Werbung der Bestattungsindustrie seinen Schrecken verliert, wenn die Hoffnung geschürt wird, man hätte nach dem Tode noch die Chance eines Castings im Vorhimmel und schösse dann mit seiner unverbrauchten Seele hinein in einen seelenlosen schönen Körper… das wäre… das wäre die Idee für eine Religionsgemeinschaft, mit der man reich werden könnte. Das Geschäft mit dem Tod ist erst am Anfang.

Renate kann es nicht leiden, wenn ich mit diesem Thema zu salopp umgehe.

Und ich sagte ihr einmal, dass es vernünftig sei, über den Zielort nachzudenken, wenn man sich auf einer Reise befindet. Wenn man angekommen ist, wird es zu spät sein.

Am zweiten Tag unserer Live-Eigenschaft bekamen wir Besuch von einem katholischen und einem evangelischen Pfarrer beziehungsweise Pastor. Das Sekretariat von HÖWEI hatte uns vorher gewarnt. Ganz gegen unsere Erwartungen wurden es zwei amüsante Stunden.

Das Tagesprogramm am schwarzen Brett, Bubi Nefzella (der Knüppel) hatte es auf unseren Spiegel im Flur geklebt, kündigte an, es handle sich bei diesem Gespräch um ein »ökumenisches Think-in«. Eine der vielen Pietsch-Pointen, über die wir herzlich lachen können.

Ein ungemein dicker Mensch mit einem strahlenden, rosigen Antlitz mit zwei Wangen wie ein üppiger Busen, betrat unseren Wohnraum, gefolgt von einem sehr schlanken, grauhaarigen Herrn mit flink wandernden Augen, die an den Buchrücken entlangflogen und dabei sämtliche Bilder an den Wänden wahrzunehmen schienen, und wir dachten selbstverständlich sofort: Der Dicke ist der Katholik, der Schlanke der sich verzehrende Protestant. Umgekehrt war es. Als ich Letzterem, also dem Angestellten der katholischen Firma, unseren Arbeitsraum in der Küche zeigte und ich ihm sagte, dass dies die einzige kamerafreie Zone im Hause wäre, erzählte er mir schnell einen unanständigen Witz.

Der dicke Evangele kam hinzu und verriet mir, alle Pastoren hätten die dringende Aufforderung erhalten, jedes sich bietende Rotlicht an der Kamera ungeniert zu nutzen. Und dabei erfuhr ich – Renate wollte es einfach nicht glauben –, dass es zwischen den Riesen der Bestattungsindustrie einen Kampf um Leben und Tod gibt. Sie reißen sich gegenseitig die Leichen aus den Händen.

Es wird vermutet, dass die Korruption auch hier schon längst eingebrochen ist, dass Ermunterungssummen an die Bestattungsausübenden seitens des Bundesverbandes »Pietät und Takt« längst keine Seltenheit mehr sind. So mancher Kollege, meinten die beiden Herren, wurde schon auf eine harte Probe gestellt, wenn man ihm Geld anbot, um die Überlebenden im Sinne einer bestimmten Firma zu beraten. Es sollte mich wundern, wenn die VV-AG, die Verbuddel- und Verbrennungsgesellschaft Aktiengesellschaft, nicht eines Tages mit einem eigenen TV-Kanal an die Öffentlichkeit tritt.

So wie die Kirchs in diesem Lande die Rechte für Fußball-spiele, Autorennen, Boxkämpfe oder Container-Fummelagen zusammenramschen, um sie exklusiv in den Äther zu stopfen, könnte man genauso gut VIP-Gruftivals veranstalten. Es ist nicht auszuschließen, dass die zukünftigen Veranstalter heute schon ein gezieltes Product-Placement betreiben, denn ich sehe sehr oft, dass prächtige Särge durch die Filme, die Soaps und sogar durch die Nachrichten gefahren werden. Wahrscheinlich sehe ich schon überall Gespenster, seitdem ich erfahren habe, dass ein Fernsehtechniker einmal stutzte, als er eine Sendung zum Thema Wasser sah. Er ließ sich die Filmrolle kommen, ging mit ihr an den Schneidetisch, hielt an dieser Stelle an, und siehe da, für den Bruchteil einer Sekunde erschien das Logo einer weltbekannten Getränkefirma! Vermutlich erreichen uns diese Angriffe auf das Unterbewusstsein des Verbrauchers mehrmals täglich. Und wahrscheinlich leben jene Menschen, die in der Lage sind, diese Werbung unterzubringen, vorzüglich von den »Ermunterungs-summen«.

Als ich den beiden geistlichen Herren meine Vermutungen hin-sichtlich eines Geschäftes, das den Kirchen schon wieder aus den Fingern zu gleiten schien, anvertraute, lächelten sie milde. Und als ich sie warnte, sie sollten doch mal das Öl für die Letzte Ölung prüfen, woher es kommt und was da alles drin ist, lach-ten sie. Sehr leichtfertig, finde ich.

An diesem Abend bei unserem »Sleep-in«, das täglich im Schlafzimmer vor den Kameras stattzufinden hat und für das Re-nate oder ich vorher das aufschreiben, was wir später sagen sol-len und auch lernen müssen, haben wir den ökumenischen Mis-sionierungsversuch der beiden geistlichen Herren zum Thema genommen.

Sagen muss man dazu noch, dass der Text des Sleep-in manch-

mal erst in letzter Minute an unseren Schreibmaschinen in der Küche unten entsteht, sodass wir ihn gar nicht auswendig gelernt haben können. Das veranlasst die Pietsch natürlich zu hämischen Bemerkungen wie: »Tja, man wird nicht jünger mit den Jahren.« Als es das erste Mal passierte, sagte Renate, die nach diesem Pietsch-Satz eine Gesichtsfarbe entwickelt hatte, die ich 1984 vor dem großen Hagelunwetter am Himmel bemerkt habe: »Mein Mann hat ein wenig Temperament, Frau Pietsch. Es könnte jetzt passieren, dass er aus dem Bett springt und Sie dort würgt, wo Sie es nicht gern haben. Ich mache Sie aber darauf aufmerksam, dass er unten nichts anhat.« Der Kameramann lachte laut. Die Pietsch verließ unser Schlafzimmer. Die Fronten waren geklärt.

Man bekommt Strafpunkte für Widersetzlichkeit! Von der HÖWEI. Die Pietsch hatte sich unten in das Wohnzimmer gesetzt, den Apparat eingeschaltet und sah sich unser Sleep-in an. Donatella, die Kameraassistentin, hatte schnell ein paar Texte an die Wände und oben an die Decke geklebt, damit wir sie ablesen konnten. Und so hörte sich das an:

Renate: Sag mal, wollen die uns mitteilen, dass es bald zu Ende geht mit uns?

Dieter: Wieso? Da hat mir gestern einer einen Witz am Telefon erzählt. Er sagt zu ihr: »Wenn einer von uns beiden stirbt, dann ziehe ich nach Paris.«

Renate: Kannte ich. Das mag komisch sein, wenn man jünger ist. Ich frage dich jetzt wirklich: War der Besuch der beiden Herren eine Art Himmels-Casting?

Dieter: Ein was?

Renate: Na ja, ob wir rein dürfen oder nicht.

Dieter: Ach so. Das interessiert mich nicht, denn die zwei sahen auch nicht so aus, als ob sie an Gott glauben.

Renate: Der dicke Evangele sah putzig aus mit seiner Wampe.

Als Katholik hätte er es leicht, mit dem Frauenverbot, meine ich. Das ist so was wie ein körperbedingter Zölibat.

Von unten kommt ein Geräusch, als wenn jemand ganz furchtbar auf den Tisch haut.

Dieter: Der Kathole sah aus wie ein entkommener Polizistenmisshandler aus den Siebzigerjahren, der aus Angst vor einer politischen Karriere in die Kutte geschlüpft ist.

Renate: Hat er wirklich gesagt, dass du unter normalen Umständen katholisch geworden wärst wie deine Großmutter?

Dieter: Ja. Der Mann hat Humor. Das gefällt mir. Stimmt wahrscheinlich auch. Aber was meint er mit »normalen Umständen«?

Renate: Na ja, wenn du nicht Hitlerjunge geworden wärest.

Dieter: Musst du das den Leuten wieder auf die Semmel streichen?

Wir lesen längst nicht mehr den Text von den Wandzetteln ab. Es ist meistens so. Das hasst sie wie die Pest, die Pietsch.

Renate: Wenn du Minister geworden wärest, dann hätte *Bild* bereits ein Braunhemdfoto von dir auf der ersten Seite.

Dieter: Aus dem Jahre 1937. Bin ich sicher, ja. Das Bild von meiner streng katholischen Großmutter würde niemanden interessieren.

Renate: Aber du bist ja nicht Minister geworden.

Dieter: Tja. Obwohl es heute jeden treffen kann. Wenn die Schröders, Stoibers und wie sie alle heißen und heißen werden dauernd zusehen müssen, wie ihre Minister in den Gullys verschwinden... wenn man Pech hat, erwischt dich der Ruf, und du musst plötzlich Rinder killen oder Renten kürzen. Da werde ich lieber katholisch.

Renate: Ich habe gestern eine Sendung gesehen...

Dieter: Wissen doch die Leute.

Renate: Was?

Dieter: Die Leute draußen haben doch gesehen, dass du das gesehen hast.

Renate: Ach so, ja. Sehen die Leute eigentlich, *was* wir sehen, oder sehen sie nur, *dass* wir sehen?

Dieter: Sie sehen unsere Gesichter, wenn wir sehen, und wollen wissen, was wir über das, was wir sehen, sagen.

Renate: Und was siehst du?

Dieter: Uns.

Renate: Wieso?

Dieter: Es ist eine Wiederholung von gestern.

Renate: Aha, sie wollen jetzt bei unserem Sleep-in, dass wir uns kritisieren.

Dieter: Also, ich finde das nicht schlecht, was ich gestern erzählt habe.

Renate: Schau mal, ganz typisch für dich. Du fällst mir ins Wort. Wie der Biolek! Dieser Mann ist eine Quasselmaschine. Nicht zu stoppen. Man weiß bei ihm nie, wo man den Stecker rausziehen soll.

Dieter: Das bin *ich*, über den du jetzt urteilst.

Renate: Ich sag' ja, du erinnerst mich an ihn. Nur eins machst du nicht, du setzt dich deinen Gesprächspartnern nicht auf den Schoß.

Dieter: Hör auf, wir sind jetzt auf Sendung.

Renate: Man muss es ihm einfach mal sagen. Ein Endrikat-Vers passt wunderbar in diesem Zusammenhang, und der

	passt auf eine Menge von Leuten, die in den Karriere-Kasernen der Fernsehanstalten herumscharwenzeln …
Dieter:	Leute, die ihrer Karriere nur durch frühzeitigen Tod entkommen.
Renate:	Menschen, deren Wege man mühelos verfolgen kann …
Dieter:	… denn sie hinterlassen Spuren.
Renate:	Schleimspuren.
Dieter:	Private.
Renate:	Und öffentlich rechte.
Dieter:	Lass uns diesen Vers singen:
Beide:	Es ist so schön, im Frühling wohl zu riechen,
	Obwohl ich sonst kein großer Lüstling bin.
	Ich wollte meinem Herrn Direktor in den Hintern kriechen,
	Doch leider saßen schon ein dutzend Vorgesetzte drin.
Dieter:	Was kicherst du denn?
Renate:	Wir sind weg vom Schirm! Sie haben Werbung eingeschoben.

Die Pietsch stürzt in das Schlafzimmer.

»Was haben Sie sich denn dabei gedacht?«

Renate bleibt ruhig und besänftigt: »Carmen, nehmen Sie es nicht übel, aber mein Mann hat ein bisschen was getrunken, und da wird er manchmal …«

»Wwwasss?« Der armen Carmen verrutscht die Stimme nach oben. »In Ihrem Vertrag, den Sie unterschrieben haben, steht eindeutig, dass in diesem Haus absolutes Alkoholverbot herrscht.« Da sind wir doch fassungslos. Oder sagen wir besser: Ich bin es. In *unserem* Hause Alkoholverbot?

Das hatte ich übersehen. Wenn es nicht den automatischen Abbruch unserer Altersversorgung bedeuten könnte, ich würde diese Fernsehbesatzungstruppe sofort aus dem Haus werfen.

Renate reagiert, wie ich erwartet hatte, gelassen.

Sie wittert Hilfe bei ihrem Kampf gegen meinen Alkoholkonsum. Vorübergehend, denkt sie. Für mich ist diese Mitteilung schwer wiegender.

Unser Weinfach im Keller, das heißt, die 168 Flaschen Rotwein, in 35 Jahren gesammelt, von dem man nicht weiß, ob er an sich gearbeitet hat, diese Flaschen werden nie geöffnet werden? Das ist eine größere Enttäuschung, als nicht gelobt zu werden für ein gutes Programm.

Es handelt sich um Flaschen, die ich schon im Arm hatte, die ich mit geflüsterten Wünschen in den Ruhestand gelegt, denen ich einen Reifeprozess zugetraut habe und die ich jetzt ungetrunken irgendwelchen Erben überlassen soll.

Ich bin an diesem Abend nicht eingeschlafen. Dann doch, aber gegen drei Uhr, dann um fünf und später um sechs vereinzelt aufgewacht, aber immer mit der deprimierenden Erkenntnis, dass meine Trinkerkarriere beendet ist.

Und mir fiel ein geliebter Kollege ein, der viele Jahre lang mit seinem Schlag-, Zupf- und Streichbass unsere Programme begleitet hat, den wir zu Grabe tragen mussten, und der eine Geschichte aus seinem Leben zu erzählen wusste, die mich jetzt besonders berührte.

Heli nannten wir ihn. Heli schwamm einmal ins Meer hinaus, eine Querströmung packte ihn, zog ihn vom Ufer weg, und seine Schwimmbewegungen, das merkte er, würden seine Lage nicht verbessern. Als seine Kräfte nachzulassen begannen, als er mit dem Gedanken spielte aufzugeben, fiel ihm sein sehr gepflegter Weinkeller ein, und er hatte den nahe liegenden Verdacht, dass sein Schwager, ein Biertrinker, seinen Weinvorrat erben und aus seinem Burgunder Glühwein machen könnte.

Es muss so furchtbar für ihn gewesen sein, dass es ihm wieder Kraft verlieh und ihn ans Ufer, ins Leben zurückbrachte. Von diesem Tag an trank er täglich eine Flasche und starb dann verhältnismäßig gesund: auf einem Floß, das die Isar hinunterschwamm, ahnungslos, mit einem Liter Bier im Bauch. Musizierend. So fiel er tot in das vor ihm stehende Schlagzeug.

Was für ein schöner Tod, sagten die verschreckten Überlebenden. Immer sagen sie es: Was für ein schöner Tod!

Was für ein Blödsinn. Heli war munter, hatte Spaß am Leben, und der Herrgott hat ihn sicherlich nicht abberufen. Es war nichts Höheres im Spiel. Ein Schaltfehler war es, eine »Ermüdung des Materials«. Irgendeine Klappe funktionierte nicht mehr. Das Blut kam nicht durch, es staute sich was, und innerhalb einer Sekunde verloren wir einen Menschen, den wir liebten.

Es kann kein Mensch einen schönen Tod haben, denn er verliert das Leben. Und wir verlieren das seine.

Wenn wir an seinem Grabe weinen, weinen wir um uns. Weil wir einsamer geworden sind.

Da hilft uns kein Gott. Gott hat kein Interesse an uns.

Als ich den beiden Herren von der geistlichen Containerbetreuung meine diesbezügliche Vermutung mitteilte, bekamen sie diesen Ausdruck ins Gesicht, der mir zeigen sollte: »Du armes Schaf bist nicht in der Gnade.« Und ich spürte sofort wieder dieses Gefühl der Ohnmacht gegenüber diesem schamlos zur Schau getragenen Vertrauen in die Güte Gottes.

Diesem Gott vertrauen sie, der Millionen von Menschen der Macht von Unmenschen übergeben hat, die für die Unzahl der Tode, die sie verursachen, nur mit einem einzigen Tode, nämlich ihrem eigenen, bezahlt haben. Wenn überhaupt.

Welcher Gott das immer ist, er gehört vor ein Gottesgericht. Heinrich Himmler soll, bevor er auf seine Zyankalikapsel biss, zu Gott gebetet haben: »Lieber Gott, hier ist Heinrich Himmler. Ich bin der, der den Mord an deinem Sohn millionenfach gerächt hat.« Himmler hatte, vergleichsweise, einen schönen Tod.

Carmen Pietsch ist, in ihr Handy hineinredend, aus unserem Hause gestürmt. Nefzella und Roggenstroh bleiben und besetzen unseren Wohntrakt.

Es wird Ärger geben mit der »Höheren Weisung«. Mit Renate und mir auch. Wenn die HÖWEI wüsste, wie wenig die Pietsch beispielsweise von dem Tagebuch weiß, was ich vor ihr verberge. Sie würde einen Verweis in ihr Klassenbuch bekommen.

Es ist uns streng untersagt, irgendetwas zu verbergen. Beginnende Krankheiten, Depressionen oder sich dramatisch verengende geistige Engpässe müssen sofort gemeldet werden. Der HÖWEI. Wir wissen es nicht, aber es wird gemunkelt, dass es zwei sind, die dieses Cockpit der Vorsehung besetzen. Der eine soll Ende heißen, der andere Mol. Aber wer jetzt wer ist, bekommen wir nicht heraus. Mol soll noch grässlicher sein als Ende, aber Ende hätte schon zweimal Mol deutlich übertroffen in der Unerbittlichkeit gegenüber dem realen Leben. Ende soll in einem Trunkenheitszustand gesagt haben, er sei nun so weit in der Erschaffung der Welt fortgeschritten, dass er daran denke, einen Sohn auf die Welt zu schicken, der dann endlich das vollbringe, was Jesus, durch seine Kreuzigung gehindert, nicht geschafft habe.

Bild fragte Mol, was er von einem solchen Ausspruch halte, und er soll gesagt haben:

»Ich habe die Zahlen vom letzten Oster-TV. Jesus hat sinkende Quoten.«

Also vorbei die Zeiten, als Hollywood seine großen Bibelbolzen abgeschossen hat und die deutschen Feiertagszapper den gigantischen Wettlauf der zwei Superstarmosesdarsteller Heston und Lancaster mit Spannung verfolgen konnten. Wer war schneller am Roten Meer? Lancaster siegte mit einem Vorsprung von elf Minuten, dreiundzwanzig Sekunden und ein paar Hundertstel.

Derlei Kulturhöhepunkte werden wir in Zukunft missen müssen. Ostereier haben im RTL in kürzester Bälde eine andere Bedeutung, und man wird anders über sie sprechen. Kichernde Moderatorinnen werden uns anzüglich zuplinkern und den kleinen Ostereierwitz unterbringen, dass Kolumbus nicht nur eins hatte. Der Dame wird man im Unterwäsche-Feuilleton der *Bildzeitung* eine steigende Tendenz bescheinigen.

Die Damen und Herren der Fuldaer Bischofskonferenz reiben sich darob schon jahrelang die Augen und fragen: »Ist das dieses äh… dieses Privatfernsehen, das wir, gemeinsam mit unseren Freunden aus CSU und CDU und der überwältigenden Mehrheit der gläubigen Bürgerschaft, dazu ausersehen hatten, uns von der unerträglichen Monopoldiktatur der öffentlich-rechtlichen Anstalten zu befreien?«

Der Kampf war erfolgreich. Die Liberalisierung des öffentlichen Geschlechtslebens hat die Kirche erreicht. Die Offenheit, mit der man ganz offen über offene Probleme der Öffentlichkeit redet, ist offensichtlich hinsichtlich der Werteskala des öffentlichen Gesprächs nach unten hin noch weit offen.

Nicht nur die Kirchen kümmern sich um uns und unser Glücklichsein, auch die Wohlfahrtsverbände für die unteren Klassen fühlen sich bemüßigt, Bettenbetreuungsdienste anzubieten.

Die Arbeiterwohlfahrt im Zentrum des Ruhrgebiets ist auf die Idee gekommen, dass auch die Schlechtverdienenden ein Recht auf einen monatlichen Höhepunkt im Liebesleben haben sollten. Die Besserverdienenden können sich die Lektüre der »Fick for Fun«-Broschüren leisten, aber wen fragen die Zukurzgekommenen in der Orgasmusproblematik?

Und da hat die AWO sofort erkannt, dass man in die Bresche grätschen muss, und *Bild*-Essen hat es am 29. 1. 2001 formuliert: »SCHATZ, ICH GEH ZUR AWO!«

Dort wird ein Beckenbodenmuskeltraining für Orgasmusketiere der unteren Einkommensschichten angeboten. Zwei Damen haben sich dafür ins *Bild* gestohlen, die selbst keinen Höhepunkt der Begehrlichkeit darstellen, die aber versprechen: Wir sind der Höhepunkt. Wenn du zum Höhepunkt kommen willst, musst du kommen. Zur Arbeiterwohlfahrt. Orgasmus ist ein Muss in der Cannot-Society.

Je mehr vom Schnackseln die Rede ist, umso weniger steigt der Lustpegel. Pornographie ist das Ende der natürlichen Erektion. So gesehen ist der Versuch, Nachwuchsmenschen zu klonen, eine verständliche Abwehrstrategie gegen das Aussterben der natürlich fortgepflanzten Menschen. Andererseits: Ist das, was übrig bleibt, des Vorzeigens würdig?

Vielleicht habe ich keinen Zugang mehr zu den wahren Events im Kiek-in, auf der Scheibe, bin nicht mehr in der Lage, die Bedeutung des Instruments Fernsehen realistisch einzuschätzen.

»Reality« bedeutet einfach, dass wir nicht *mehr* sind, als das, was wir spielen.

Deshalb lasst uns zu den Ratten gehen und ihre Spiele lernen. Wir werden ein paar Millionen Jahre dafür brauchen. Das wird der Weg sein, der das Ziel ist, oder das Ziel, das im Wege steht, wo dann die Kreuzung ist, bei der man nicht weiß, von wo man losgegangen ist, und sieht den Weg und geht zum Ziel und erkennt erleichtert, dass man wieder am Anfang ist.

Nicht verzweifeln!

Tausende von Fernsehweisen sagen uns immer wieder:

Seit es uns gibt, sind Gottes Wege erforschlich.

Ich glaube es.

Renate glaubt es nicht.

Gestern, beim Afternoonbetween, das ist die Teebeutelstunde um 17.00 Uhr in der Wohngruppe, sagte ich zu ihr:

»Beim Betrachten dessen, was Fernsehen uns versucht zu vermitteln, frage ich mich ganz hämelos, ob wir vielleicht den Anschluss verloren haben. Fragezeichen.«

Renate ruinierte den Denkansatz mit der Rückfrage: »Anschluss an was?«

NACHTBUCHEINTRAGUNG 23.00 UHR

Nachts schnell hingekritzelt. Renate schläft.

Wenn die Pietsch »In der Küche Licht« gemeldet bekommt, von Roggenstroh oder Nefzella, die aber meistens betrunken sind, wofür ich sorge, wobei man mit der einen oder anderen Nüchternheit des einen oder anderen immer rechnen muss, dann erfolgt mit Sicherheit am nächsten Morgen eine Hausdurchsuchung durch die HÖWEI-Sicherheitszentrale. Laut Vertrag ist sie dazu berechtigt.

Meine Nachtbucheintragungen falte ich immer zusammen und stecke sie in die Geheimtasche meines Caltscherbägs, meines Kulturbeutels.

Gleich daneben lagern meine zwei Abschiedskapseln. Renate weiß es nicht, aber ich bin Mitglied des SPOTO-Vereins, des Spontantod-Clubs, der wiederum der WÄST angehört, was nichts anderes bedeutet als Wärmer-Sterben.

Laut Vertrag habe ich im Absterbefall Anspruch auf drei Klageweiber und einen professionellen Lebensgeschichtler. Nach testamentlicher Verfügung sind Renate und meine zwei Töchter verpflichtet, jeden Redner, der über mein Grab schleimt, polizeilich abführen zu lassen.

Jegliche Diskussion über das Für und Wider meines Ablebens ist untersagt.

Mein Freund Werner aus den österreichischen Kalkalpen darf einen Kreis von Freunden dirigieren, die eins von diesen wunderbaren Grabschnulzenliedern schluchzen sollen, die einen effektvoll unter die Erde bringen.

Eines bin ich mir sicher: Es wird bei seiner Grabrede keine dreisten Fälschungen, keine verwirrenden Verkürzungen meines Lebenslaufs geben, denn er weiß, man stirbt nicht alle Tage. Es hat was Einmaliges. Und das muss man inszenieren. Über die Resteverwertung muss vorher gesprochen werden, bevor man nicht mehr eingreifen kann.

Darum habe ich einen Passus einfügen lassen, der die Verwaltung der ORA-TV in Schwierigkeiten gebracht hat.

»Im Falle meiner Wiederauferstehung beanspruche ich bei sämtlichen Interviews oder Sendungen, die sich mit meinem Come-back beschäftigen, ein Wiederholungshonorar von 17 Prozent!« So wie es im Moment festgelegt ist, hat die ORA-TV die Rechte auf mein Leben. Renate war klüger und hat die Rechte auf ihr Leben bei einer Lebensrechteverwertungs-GmbH geparkt.

Wir haben richtig gelernt durch die politischen Entwicklungen der letzten 20 Jahre. Wir müssen keine Sorge um die Zukunft haben. Wir müssen eine Vorsorge haben.

Und so kommt es eben, dass man sein Leben verkauft. Irgendjemand hat die Rechte auf mein Leben erworben, hat irgendeine Summe überwiesen und hat damit auch das Recht, mein Leben dramatisch zu gestalten, dass es in das Programm passt. Carmen Pietsch hat Renate und mir in ihrer knappen, spröden Art mitgeteilt, dass ein Anspruch auf die Richtigkeit unseres Vorlebens nicht mehr besteht.

Die Treppe knarzt.

Roggenstroh oder Bubi, der Knüppel, machen die Runde.

Wenn sie das Tagebuch, das Nachtbuch, erwischen, dann ist unser letztes Lebenszeichen in den Händen der Menschenverkäufer. Bubi ist es, der Knüppel, man hört es an seinem weinschweren Gang. Mein Keller wird bald leer sein.

Schnell noch die Geschichte, die mir Renate nicht glaubt, die aber im Besetzungsbüro einer Münchner Fernsehfirma stattgefunden hat.

Ein Geschichtenakquisiteur eines freien Fernsehsenders hatte es sich in den Kopf gesetzt, meinen Lebenslauf zu verfilmen und anlässlich eines Geburtstages oder Todestages diesen Film zu verkaufen.

Er hatte erfahren, dass ich zu jener Truppe gehöre, die Adolf Hitler in seinem Berliner Bunker »entsetzen« sollte. Das Wort ist gewiss etwas missverständlich, wurde aber zu jener Zeit durchaus verstanden als Versuch der Befreiung.

Weil ich nun damals erst 17 Jahre alt gewesen bin und der Produzent andererseits wusste, dass wir einmal eine einigermaßen gelobte Sendung mit dem Titel »SCHIMPF VOR 12« gemacht hatten, köderte er mich mit dem Einfall, eine Lebenslaufsendung herzustellen mit dem Titel »PIMPF VOR 12«.

Leichtsinnigerweise sagte ich zu.

Ein Spezial-Ermittlungs-Team beschäftigte sich mit meinem Vorleben. Babybilder wurden angefordert, Erzählungen nötigte man mir ab. Der Regisseur begann langsam an meinem Leben Abstriche zu machen, er strich mir ganze Jahre und fügte neue hinzu. Er war mit meinem Leben nicht einverstanden.

Und er hatte Schwierigkeiten mit meinen Besetzungsvorschlägen für die Freunde und Feinde, an die ich mich erinnerte. Nach zwei Wochen sah ich erste Drehbuchvorschläge. Der Regisseur hatte, gemeinsam mit dem Produzenten, ein paar Freunde durch Kopfschüsse aus der Handlung geschossen. Meinen Vater ließ er an einer Panzersperre von einem russischen T 34 überrollen. Und das Ganze spielte plötzlich in einem kleinen österreichischen Dorf kurz nach dem Ersten Weltkrieg. Als ich den Produzenten fragte, ob das denn noch mein Leben sei, das da verfilmt werden solle, war er äußerst ungehalten.

Ich entschuldigte mich in aller Form.

Mein Gott, ich sollte doch dankbar sein, dass jemand mich und mein Leben... ach ja, wollte ich wissen, wann fangen die Dreharbeiten denn an? Und er sagte, man hätte Schwierigkeiten mit der Besetzung der Hauptrolle. Naiv, wie ich bin, fragte ich zurück, ob das denn nicht klar sei, denn es ginge doch um mich, und ob ich dann nicht...

Der Produzent schaute mich ganz kurz an und sagte: »Sie sind nicht der Typ.«

MEIN WASCHZWANG

Heute Morgen, beim »Wake-up« im On, wir sprachen diese Wörter inzwischen mühelos und fehlerfrei aus, weil sich damit etwas verbindet, was man practical oder normal Daylife nennt, hat sich Renate furchtbar aufgeregt, weil die Kameraassistentin Donatella ihr für die Morning-Shots die Bettdecke ordnen wollte.

Ich habe Donatella verteidigt.

»Renate, du hast immer noch nicht begriffen, dass wir fünf Achtel unseres Alltags verkauft haben. Beim Wakeupimon (Wake-up im On) müssen wir drehfertig sein.«

»Ich lasse mir nicht an die Wäsche gehen!«

»Hör mal. Ich unterstelle dir nicht, dass du einen Teil deines nicht unschönen Beines sehen lassen wolltest...«

»Ist ja lächerlich! Vermutlich hältst du das für obszön. Da gibt es ganz andere Problemzonen am menschlichen Körper.«

»Ja doch! Ich weiß schon, was du meinst. Wenn es nach dir ginge, müsste ich die ganze Zeit über mein Gesicht verhüllen.«

»Hätte ich nie gesagt, aber...«

»Aber?«

»Die Bemerkung war nicht unkomisch.«

Der Wake-up-Morning-Shot fiel etwas gereizt aus. Die Pietsch hatte ihre Freude daran. Meine Wut wuchs. Und Renate hatte obendrein auch noch die Schlusspointe. Auf meinen mürrischen Satz: »Was soll ich denn machen, wenn ich morgens schlechte Laune habe?«, sagte sie: »Knirsch doch mit irgendwas, und wenn's die Zähne sind.«

»Ein schöner Schlusssatz!«, quietschte die Pietsch. Ich warf die Schlafzimmertür hinter mir zu und ging hinunter in die Küche. Der Kaffee war schon da. Natürlich kalt. Die Brötchen sahen aus wie kleine weiche schlappe Säckchen. Die Butter war vergletschert, die Eier waren hart wie Handgranaten.

Die Armenzeitung für niedere Informationsansprüche zitiert Rummenigge, einen der großen Fußballphilosophen, der nach seinen Bemühungen, den Fußballsport auf internationaler Ebene zu ruinieren, sagte, er habe Kröten geschluckt, die ihm dann bitter aufgestoßen seien.

Die Kröten wollten wohl wieder heraus aus ihm, oder wie erklärte ich mir diesen bemerkenswerten Vorgang? Jedenfalls guten Appetit.

Der Tag fing gut an.

Es ging so weiter.

Als ich nach den zwei Frühstückstellern greifen wollte, um sie abzuwaschen, rief mich Renate scharf zur Ordnung. Zur neuen.

»Schluss mit dem Gepütscher!«, hatte sie nach Abschluss des Totalversorgungsprogramms mit ORA-TV gerufen.

Pütschern heißt bei ihr das Herummachen in der Küche. Heißes Wasser laufen lassen, Teller drunter halten, Bestecke entfetten, Töpfe einweichen, Krümel mit angefeuchteten Fingern von der Tischplatte entfernen, aus unerfindlichen Gründen sämtliche Schuhe putzen, die Geschirrspülmaschine anwerfen, die Waschmaschine im Keller füllen, den Müll beseitigen, den Sommerrasen bespritzen, und pitsch-patsch den zuvor beseitigten Schmutz wieder hineintragen ins Haus, und dann alles wieder von vorn, wieder entschmutzen, wieder mit heißem Wasser Schmutzschlieren lösen... das alles ist »pütschern«.

Dieser Reinigungsdrang hat mich in den Nachkriegsjahren erwischt. Mehrere Verhaltensforscher haben darüber schon seitenweise nachgedacht. Ganze Bücher sind daraus entstanden.

Das Schuldgefühl der Deutschen nach 1945, merkwürdigerweise aus einem Nichtwissen entstanden, war der Anlass für eine große Waschwelle. Dabei handelte es sich nicht um jene, die wirklich gemordet hatten. Die hatten ihren Namen argentinisiert oder, mit Hilfe des Vatikans, latinisiert und lebten ihr Leben harmonisch zu Ende, wenn auch mit dem Makel, die Endlösung der Judenfrage nicht vollendet zu haben. Nein, es handelte sich um jene deutschen Bürger, die wirklich erst nach Beendigung des Krieges erfahren hatten, dass man in ihrem Namen ungeheure Verbrechen begangen hatte.

Um dieses ehrenwerte Gefühl wirtschaftlich zu nutzen, erfanden die Henkel-Kinder der Nazigeneration nach der Naschwelle die Waschwelle.

Wes der Bauch voll ist, des schwappt das Gewissen über (frei nach Brecht).

Dass die eine oder andere Hand sich selber wäscht, das wissen wir seit Pilatus, aber dass Menschen sich mit einer fanatischen Säuberungsbesessenheit ununterbrochen reinigen, entkalken, enthärten, entfärben, entriechen und riesige Summen für Weichweißwäsche ausgeben, in Volkshochschulkursen lernen, wie man den Gilb tötet, das kann nur eine unbewusste Waschzwangwelle ausgelöst haben.

Und weil mich diese Welle offenbar auch ergriffen hat, bin ich gar nicht unglücklich über mein Verbanntsein in die Küche. In den letzten Jahren bin ich ohnehin selten aus dieser Küche herausgekommen. Verschmutzte Pfannen, verteerte Töpfe, vergammelte Teller, rostige Bestecke und anderes versifftes Küchengerät haben mich immer schon stimuliert.

Automatisch werde ich tätig. Ich lasse warmes Wasser laufen, bringe Bürsten, Besen und Lappen in Bewegung, wische, wienere, wasche und entschmutze unentwegt mit allen Mitteln, mit Putzmitteln, Antischmutzmitteln, mit ansaugenden Bakterienvertilgern, weiß genau, wie man weiße Weißwäsche weißer macht, wie man Küchen noch küchlicher kriegt, wie man es mit der brutalst möglichen Entschlossenheit erreicht, dass der Schmutz sich im Grabe rumdreht. Und ich weiß auch, woran das liegt.

Ich bin die Generation, die sechs Kriegs- und drei Friedensjahre unter Seifenmangel gelitten hat. Notdürftig haben wir uns nach den Nürnberger Prozessen eine ausreichende Menge Unschuld beschafft, und zwar mit der Unterstützung der christlichen Parteien, die sämtliche in letzter Not noch entnazifizierten Ortspfarrer zu Widerständlern ernannt haben, die dann ihrer Gemeinde und sich selbst die Absolution erteilten, und notdürftig sind wir ziemlich ungewaschen miteinander aus der Krisenzeit entkommen, aber man konnte sich nicht mehr ins Gesicht sehen. Man schaute sich woanders hin. Auf die Wäsche! Schmutzkommissare übernahmen die Macht an der Reinigungsfront. Der Westen war rein, der Osten war rot.

Der neue Waschzwang.

Und das macht mich so pütscherig.

Renate ist schon lange nicht mehr mit mir ins Restaurant gegangen. Sie hat immer befürchtet, dass ich im Lokal plötzlich aufstehe, die Teller einsammele, sie in die Küche bringe und dort anfange abzuwaschen.

Wir waren einmal beim Kirgisen essen. Renate hat mich am Tisch festgebunden, weil es im Lokal so unordentlich aussah.

NACHTBUCHEINTRAGUNG 23.34 UHR

Nefzella und Roggenstroh sehen, man hört es, Nullnullneunachmachsmirdoch. Noch mal: Nullnullneunachmachsmirdoch.

Morgen Schweiz überdenken. Sachen sagen über Geld. Banker aus Zürich kommt vorbei. Geld anlegen, aber wie? Renate will ins Risiko. Wer zu Geld kommt, kommt zu nichts anderem. Sage ich zu Renate. Und sie: »Geld macht unruhig, Ruhe habe ich genug.« Hat mich erschreckt.

Bin ich langweilig? Was heißt das, sie hat Ruhe genug?

Man hört einen Rülpser. Nefzella vermutlich.

Und immer wieder dieses Gestöhne von coolen Blondinendarstellerinnen. Nullnullneun, ich warte auf dich.

Halte ich das alles durch?

Morgen Vormittag Arbeitstermin. Ehepaar schreibt Serie über Ehepaar. Renate an ihrer Maschine, ich an der Maschine.

Zuschauer sollen sehen, wie zwei Menschen für die Fernsehzuschauer eine Serie schreiben, die später die Zuschauer wieder sehen sollen.

Ich glaube der HÖWEI *kein* Wort, dass das passieren wird. Aber so grotesk kann unser Geschreibe gar nicht sein, wie manche Statements, die von offiziellen politischen Organen abgesondert werden.

Großer Satz von CSU-Generalsekretär Thomas Goppel: »Unser Menschenbild multipliziert die Chance, aus den Fallstricken der Gegenwart Kletterseile in die Zukunft der Generationen zu machen.«

Unsere Chance, dass die Kletterseile, an denen wir die Gegenwart, die Zukunft und das Menschenbild hängen, reißen, vergoppelt sich von Stunde zu Stunde. Warum machen solche Leute nicht ein Geschäft auf statt den Mund?

Keine Chance dagegen. Gott anrufen? Da kommt höchstens: »Nullnullneun. Nullnullneun! Ich wart auf dich!«

Roggenstroh geht aufs Klo. Man hört es durch das Haus. Er lässt immer die Tür auf, das Schwein.

Goppels Fallstricke nehmen oder die Kletterseile und die beiden Politruks im Heizkeller festbinden. Oder an ihrem Menschenbild. Und dann lange verreisen. Schnell ins Bett.

Das Schlafzimmer ist nur bis acht Uhr morgens kamerafrei. Bettfertig gemacht. Rasierwasser verspritzt. Zähne geschrubbt. Morgen gönne ich mir mal eine Abwechslung. Morgen mach ich's mal umgekehrt.

MÖRDER – TRIEBTÄTER –
SOAPMAKER

Zwei, drei Stunden schreiben wir täglich in der Küche an unseren Manuskripten. Danach gehen wir ins Arbeitszimmer und diskutieren vor der Kamera. Das soll natürlich so aussehen, als wäre es »live«, als geschähe es gerade jetzt, als fiele der Finger vom Einfall bewegt auf die Taste.

Ich möchte mal wissen, wer uns das glaubt. Lächerlich. Es ist so schwer, ernst zu bleiben, wenn wir über die »Motivation, die wir den vielen älteren Menschen im Fernsehland vermitteln sollen«, lesen. Es handelt sich dabei um Formulierungen der HÖWEI beziehungsweise um ein Traktat irgendeines der psychologischen Beiräte, die blitzschnell, nach zwei Jahren schätzungsweise, die Idee der Käfig-Peepshow mit gut gewachsenen jungen Menschen als einen Irrweg erkannt hatten und den Menschenverkaufskonzernen einen neuen Menschenversuch vorschlugen:

»Kauft den alten Leuten ihre Geschichten ab, ihre Ideen, ihre Erinnerungen, ihre Gespräche und damit das ganze Leben, das sie sich zusammengebaut haben. Es ist ergiebiger für die Zuschauer, statt sich mit jungen Knackbienen und slatkotisierten Matschbirnen zu langweilen, alten Menschen beim Sterben zuzusehen. *Das* ist Fernsehen. So war es schon gemeint, als man noch glaubte, es handle sich bei diesem Medium um den Versuch, Mitleid und Furcht im Lessing'schen Sinne zu verbreiten.«

Das Fernsehen ist dort angekommen, wo es schon immer hingehörte. Es ist ein Haushaltsgerät geworden. Nur sind die Wege dorthin noch verbaut durch rettungslos zurückgebliebene Träumer aus den Gründerjahren, aus dem Kuli-Zeitalter, aus den Zeiten der Valente-Show, der Pfleghar-Show, als die Witze noch nicht so schwanzlastig waren und Sprachschwierigkeiten noch nicht Vorbedingung für eine Karriere.

Und so sind Renate und ich auch ein bisschen stolz darauf, zu den Pionieren der Post-Post-Moderne (PPM) zu gehören. Die Kritikerin Zülch warf mir einmal vor, dass mir der Zynismus der Postmoderne fehle, was mich seitdem nicht ruhen lässt.

Die PPM hat sich zur Aufgabe gemacht, sich selbst als Richtung genau zu analysieren und zu begreifen. Es wurde ein Lehrstuhl für die PPM gegründet.

Carmen Pietsch bewegt sich dort einmal in der Woche in angemessenem Kreise. 41 TV-Psychologen, Showlogen, Input-Manager und TViologen arbeiten bereits hart daran, eine neue Sinngebung des Hausgeräts Fernsehen zu formulieren.

Etwas herablassend hat sie mir das Konzept erklärt. Natürlich mit einem gewissen Stolz, denn zwei Gedanken von ihr sind mit eingearbeitet worden.

Wenn ich mich noch richtig erinnere, sah das ungefähr so aus:

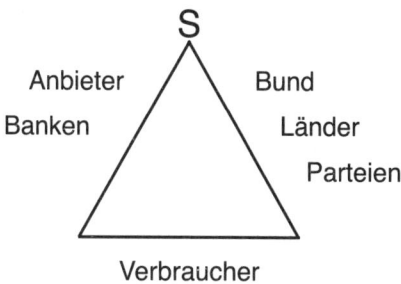

Grundlage des Konzepts war eine Website einer Pädagogischen Hochschule in Augsburg. Die Darstellung zeigt ein gleichschenkliges Dreieck, das die Bedürfnisse von Anbietern, Banken, Bund, Ländern, Parteien und TV-Verbrauchern aufzeigt.

Die schrägen Schenkel, also die Bedürfnisse der Her- und Hinsteller, runden das Bild eines gleichschenkligen Dreiecks ab. Richtiger natürlich, sie ecken es ab.

Endziel der Bemühungen der neuen »Anstalt zur Überwachung der Bedürfnisse« sei, so sagt die Pietsch mit dringend wichtigem Unterton, ein Zustand, in dem G mit AB, aber auch G mit BP sowie wiederum ABBP mit G harmonieren. Das läge wohl noch etwas in der Ferne, aber es wäre der Finalzustand S (Spitze).

Die letzten Gespräche, sagt die Pietsch, wären schon ergebnisorientiert verlaufen.

Das Wort »ergebnisorientiert« stammt aus dem neuen Wörterbuch der Grünen und wurde für Pressekonferenzen erfunden, bei denen die Grünen zugeben müssen, dass sie wieder einmal von den Sozis Prügel bezogen hatten, wenn es galt, »die Position der Grünen« zu wahren.

Irgendjemand hatte einmal in einer blassgrünen Frauenhandschrift in die Zielpapiere der Antikernkraftpartei geschrieben, dass man darauf beharre, aus dieser Industrie auszusteigen. Dann hatte man so einem delegierten Besänftigungsgenossen gegenüber gesessen, und der gab sofort zu verstehen, es läge allen daran, eine kernkraftlose Zukunft ins Auge zu fassen, man müsse aber auch verstehen, dass sich bei allem, was man zu-macht, das Problem der Arbeitsplätze auf-macht. Man sei umgeben von Türen, und ganz gleich, welche man aufmacht, was steht davor? Eine Wahl!

Im Endergebnis wäre das immer die Richtschnur für das, was man zu beschließen hat.

So entstand das Wort »ergebnisorientiert«.

Als ich die Pietsch fragte, wer denn nun dieses gleichschenklige Dreieck kontrolliere, war sie ratlos. Auf meine Frage, ob denn jetzt A kontrolliert wird von B oder BP oder AB oder vielleicht von L, antwortete sie: »Man hat im Allgemeinen sehr viel Vertrauen zueinander.«

»Sehen Sie, Frau Pietsch«, sagte ich, »dieses Thema habe ich mir als ersten Serienvorschlag gedacht.«

Carmens erste Reaktion auf ihr in den Weg gelegte Schwierigkeiten ist Nägelknabbern. Dabei schaut sie sinnend auf die Schuhspitzen. Es ist eine verlogene Geste, denn sie überlegt keineswegs. In ihren Augen steht nichts anderes als Verachtung. Sie denkt: »Der Grad seiner Dummheit überrascht immer wieder. Er weiß doch, was wir längst wissen: Wir zeigen eine Serie, in der Serienschreiber Serien schreiben, und in denen hat Politik nicht das Geringste zu suchen.«

Sie knabbert noch ein bisschen, schaut mich dann lächelnd an und sagt: »Und wie soll das aussehen?« Und jetzt lüge ich ihr mitten ins Gesicht und fühle mich dabei wohl.

»Ooooch, na ja, ich stelle mir dabei vor, wie ein kleiner Mann in ganz kleinem Rahmen ganz kleine Verwirrungen durch ganz harmlose Gerüchte stiftet. Der hat überhaupt keine Macht, kann nichts, weiß nichts, hat kein Geld, keine Frau, kein Auto. Das Einzige, was er hat: einen Namen. Firnholzer.

Er soll nicht Zwicknagel oder Strauch oder Tändler heißen. Nein, schlicht Firnholzer. Und wenn eine Figur ihm gefährlich werden sollte, bringe ich sie um.«

Die Pietsch wurde zugänglicher.

»Und was macht er so?«

»Nichts weiter. Er ist Kellner. Sagen wir, bei einem Partyservice. Er fährt Lachs rum und bringt Schampus unter die Leute, und Freude, und alle lieben ihn.«

»Das hört sich nicht schlecht an. So was gab's noch nie?«

Jetzt muss ich lügen, denn wahrscheinlich gab es alles schon mal. »Na ja, vielleicht. Aber Partyshop in München, das war noch nicht als Serie. Man könnte die Münchner Society endlich mal so darstellen, wie sie wirklich ist. Nicht immer die Busen, die einem zum Hals heraushängen, und die bescheuerten Adelsknaben und -madeln, nein, auch mal zeigen, wie sie Steuern zahlen, Gutes tun. Den Schweiß ihres Angesichts zeigen, der auf die Languste tropft, während die Zinsen arbeiten und arbeiten, so etwas ist natürlich Klischee, und das lassen wir erst ganz langsam und dann immer schneller weg, um mit Valentin... aber das wird Ihnen kein Anliegen sein...

Also, wenn Ihnen der Kellner Firnholzer zu wenig darstellt als einfacher Münchner, kann ich auch einen Vertriebenen daraus machen. Dann ziehen wir seine glänzend begabten Söhne in der Serie hoch und nennen sie ›Wir Kellnerkinder‹.«

Ich wollte sie zum Lachen bringen, die Pietsch. Nichts regt sich in ihrer Außenansicht. Neuss hält sie für eine Stadt und »Wir Kellerkinder« für einen Roman von Gerhart Hauptmann, und den Gerhart schreibt sie mit d.

Die Pietsch wird natürlich die Verantwortung für die Serie nicht übernehmen. Die HÖWEI wird sich einschalten. Wir müssen herausbekommen, wer dahinter steckt. Das wird uns schwer fallen. Schwer, denn Nefzella und Roggenstroh bewachen diesen Anschluss. In meinem Arbeitszimmer, das man ein ehemaliges nennen kann, haben sie sein Infocockpit installiert. Ich komme nicht dahinter, welcher Apparat für wen oder was gemeint ist. Ein paar Handys schwirren im ganzen Haus herum. Alle melden sie sich mit Musikzitaten. Ein paar davon kenne ich inzwischen. Nefzellas Privathandy stößt *Nabucco*-Töne aus. Passt zu ihm. Er verfurzt uns die ganze Wohnung. Wir haben schon überlegt, ob wir uns das Rauchen wieder angewöhnen.

Die Pietsch überrascht mich mit ihrer Handykennmelodie. Da steckt ein Hauch von Ehrlichkeit darin. Sie hat die alte Flippermelodie drauf. Schau an, sie hat empfindsame Stellen. Ihr intellektueller Panzer ist porös. Sie möchte zurück zu Mami.

Die HÖWEI meldet sich per Lichtzeichen. Oben in meinem ehemaligen Büro. Nachts ist das Signalsystem runtergeschaltet zu den Politruks. Zu Nefzella und Roggenstroh.

Wenn ich der HÖWEI mitteilen könnte, dass meine Serienfigur Firnholzer, dass er und *was* er für ein Ass in der Manschette der Mächtigen sein könnte, weil er so ein Ebenbild des Nichts ist, und weil niemand in der Fressgesellschaft dem Firnholzer zutrauen würde, dass er überhaupt versteht, was da zwischen die Schüsseln gezischt wird, wenn ich diesen Damen und Herren nur erklären könnte, dass James Bond ein Waisenknabe wäre, verglichen mit dem verschlagenen, von einem Nullgesicht verhüllten Partyoberkellner Firnholzer!

Firnholzers Arbeitsmotto:

»Ich stelle mich gern dumm. Ich möchte aber, dass das gut bezahlt wird.«

Diese Einstellung ist nicht ungewöhnlich. Hordenweise werden Machtausübende in allen Ländern der Welt von hochbezahlten Dummstellern umgeben.

Fällt so ein Mächtiger dann sich selbst zum Opfer, fallen die Dummsteller, die ihm gefolgt sind, dem Steuerzahler auf die Lohnliste. Und wir können uns leider nicht dumm stellen, wir sind es. In Albträumen ist mir schon oft die Frage gestellt worden: »Nehmen Sie die Wahl an?«

Als Träumer weiß man ja nicht… Wahl wozu, für was, für wen? Aber, denkt man sich, wenn sich jemand schon so bemüht für einen, dann muss man doch… dann darf man doch nicht… dann hat man doch die verdammte Pflicht und… unschuldig, wie man ist! Jeden Abend, wenn sich der Schlaf bei mir ankündigt, schreie ich lautlos auf mich ein: »Sag nicht Ja! Lass dich nicht wählen!«

Inzwischen ist meine Traumtechnik so weit gediehen, dass ich bereits zusehe, wie ich träume. Es gibt also doch den Traum hinter dem Traum.

Ich sehe Firnholzer den Traum träumen, eine korruptionsfreie Zone zwischen Stoiber und Schreiber, zwischen Zwick und Zwack… und da fällt mir die Frage ein:

»Wenn, was nahe liegt, Stoiber zu den Dummstellern gehört, wer ist dann der Mächtige in Bayern?«

Und das weiß dann der Firnholzer.

Wenn man als Erfinder von Figuren sich so das Schicksal von ihnen ausdenkt… Renate kann diesen Kerl überhaupt nicht leiden. Sie schreibt an einer anderen Serie. Ihre Hauptfigur soll eine alte Frau sein, die mit Zutun ihrer Kinder in ein Altenheim geraten ist. Renate versucht mir den Firnholzer zu klauen und lässt ihn als Taschendieb verhaften. Er hat bei einer Home-Party die Tasche eines stellvertretenden russischen Ministers aufgefordert mitzugehen. Also, er hat sie dann mitgehen lassen. Ganz knallhart gesagt: Renate hat mit ihrem Laptop meinen Firnholzer geklaut!

Sie hat ihn in ihr Serienaltersheim einliefern lassen mit einem eingespritzten Alzheimersekret seitens der deutschen Geheimdienste und hat meinen Firnholzer praktisch umgebracht!

Natürlich hat es nichts gebracht, dass ich am nächsten Morgen außer mir war und der Pietsch und dem Homefurzer Nefzella und dem blöden Roggenstroh mit einem Transparent entgegengetreten bin, auf dem stand: »FREIHEIT FÜR FIRNHOLZER!«

Die wissen gar nicht, dass Menschen, die man erfindet, einem näher stehen können, als die, die man noch überleben muss.

Ich liebe Firnholzer.

Ich mag das, wenn er mich so widerstandslos anschaut, wenn er überhaupt nicht lachen kann, über nichts und über sich schon gar nicht. Wenn er alles tut, was ich ihm vorschreibe. Er würde bei Sarajewo geschossen haben – den Reichstag angezündet, die Prinzessin Diana an die Mauer gefahren haben.

Und Renate bringt ihn in einem Altersheim um.

Kommt nicht in Frage. Firnholzer lebt. Ich brauche ihn noch. Wofür, weiß ich noch nicht.

Macht nichts.

Inzwischen hat mich der Gedanke natürlich schon behelligt, ob Firnholzer vielleicht Renate umbringt? Wir müssen auf jeden Fall an Personaleinsparungen denken.

Das Fernsehpublikum wird immer über den Stand unserer Personalstrategie in unseren Serien informiert.

In den Serien fahren immer wieder ein paar junge Leute, deren Darstellungskünste man in den Castings überschätzte, an Bäume, Mauern, Brückenpfeiler oder junken sich zu Tode.

Die Überlebensrate hängt ab von der Einschaltquote.

Vor einer Stunde muss HÖWEI angerufen haben. Die Pietsch teilt mir nun mit: »Firnholzer bleibt am Leben!« Renate und die Pietsch schauen sich verstohlen an. Sie hätten diesen bösen alten Sack lieber im Heim abschmoren lassen.

Ich mache mir Gedanken über die Wiederauferstehung von Firnholzer. Ostern, denke ich mir. Guter Anfang. Ostereier. Es klopft jemand. Niemand öffnet. Der drinnen klopft stärker, die Schale fällt herunter, und wer steht da? FIRNHOLZER.

Ab sofort ist er verwandt mit dem Heiligen Geist. Er kann zaubern, Wunder vollbringen, Geschenke annehmen, und er ist sauber geboren wie ein Klon. Klonen!

Das wird ein Geschäft werden, sagen alle Technikfans. Klondike kommt wieder und dieses Mal mit Rendite.

Ein bisschen friert mich schon bei dem Gedanken, dass Figurenerfinder sich ihre Erfindungen backen lassen können. So was lebt dann wirklich, und man muss für alles sorgen, für Geld, Wohnung, Arbeitsplatz. Man kann ihn nicht mehr so einfach umbringen. Mit einer Schreibmaschine.

Renate hat gestern elf Menschen getötet!

Sie hat in ihrer Serie zwei geprellte ältere Menschen das Hauptquartier der Scientology abbrennen lassen. Das weiß die Pietsch noch nicht. Und die HÖWEI wird es nicht durchgehen lassen. Wer weiß schon, wer da sitzt?

Es ist wie Schiffe versenken. Man piekt hinein in ein Nest voller verdächtiger komischer Vögel, schreibt ein paar Sätze und hat es geschafft, dass ein Programmdirektor, der dem Opus Dei nahe steht, zwei schwule Scientologen aus der CSU-Parteileitung überfährt.

Und was ist, wenn einer in der HÖWEI in die Schule von Opus Dei gegangen ist?

Man sieht diese Leute sitzen, reden, einfach so unter uns sein, aber man ahnt gar nicht, mit welchen Schwierigkeiten so ein weltanschaulich begeisterter Opusdeist leben muss. Er hat jährlich ein paar Mal ein Keuschheitserhaltungsprogramm durchzuführen. Der einem keuschen radikal-katholischen Körper lästige Trieb macht sich, unschuldig wie er ist, hie und da bemerkbar und verursacht Peinlichkeiten, ja hie und da führt er gar zu unerlaubten Handlungen, die im Bereich der Kirche – man könnte sagen, es handelt sich um Sakristeiungen – durchgeführt worden sein sollen. Der Gründer des Gotteswerks, des Opus Dei, hat sehr früh schon an Methoden gedacht, dieses »im Keim« zu ersticken. Es gibt Spezialwerkstätten in den großen Konzernen des Opus Dei, wo, man könnte sagen, Antigeil-Geißeln hergestellt werden.

Dass ein überzeugtes OD-Mitglied sich peitscht, mit harten Kaltwasserstrahlen im Genitalbereich bearbeitet, Kastrations-Voodoos inszeniert, weiß man bereits, aber das sind Äußerlichkeiten, die nichts anderes bewirken als eine Erhöhung der Erregung. Den Radikalkatholiken des Opus Dei schwebte eine nach innen gewendete Methode vor, die den gefährdeten Bruder im Glauben selbst verpflichtete, diese unruhige Beule im Schritt mit allen Mitteln zu bekämpfen.

In einer Zeit, in der die Männer »Viva Viagra« jubeln, weil die Chemie ihnen wieder zu einem ständigen Ständer verholfen hat, was ihr Traum stets gewesen ist, gibt es eine Artusrunde der Schlaffschwänze, die sich dem Volke versagen, die insgeheim die Macht der Keuschheit zu einer Supermandiktatur entwickeln wollen. Das ist voll cool, echt äh.

Die Anhänger und Drinhänger dieser Nebenreligion erkennt man erst auf den zweiten Blick.

Durchblicker behaupten, die Schaltstellen der Macht wären längst schon mit den Ordensrittern der Opus-Dei-Mafia besetzt. Natürlich wird man sofort aufmerksam und schaut genau hin, wenn man Fernsehintendanten, Ministeraspiranten, Stiftungsdirektoren, Professoren und Moderatoren in den Hierarchien aufsteigen sieht. Es sind Menschen, deren Blick nach innen gerichtet ist und denen man auf Anhieb nichts anmerkt. Zu gewissen Zeiten aber könnte man sie am Gang erkennen. Oder besser, an einer Veränderung ihres Gangs. Der und dazu ihr schmerzverzerrtes Gesicht haben die Ursache im Tragen eines unter der Hose verborgenen Schmerzgürtels, der mit Noppen versehen ist, die nach innen gewendet sind. Triebbelastete Opus-Dei-Mitglieder haben auf diese Weise ihre Tage.

Renate hat mich gewarnt, einen solchen Herren in irgendeine Serienhandlung hineinzuschreiben. Die Ohren und Augen dieser radikal-rechten Neoinquisition sind sehr wach, und sie steht unter dem höchst persönlichen Schutz des Heiligen Vaters! Es könnte sein, dass einer von uns sich bemüßigt fühlt, solch einen vatikanischen Geheimdienstler einen Berg hinunterzustoßen, im Manuskript natürlich.

Neulich erst habe ich zu Renate gesagt: »Du darfst deine Position als Autorin nicht dazu missbrauchen, unsympathische Personen zu ermorden.«

Sie grinste… anders kann ich es nicht sagen, sie grinste mich an, frech und überlegen, und sagte: »Ich werde doch keinen frommen Mann in den Tod schreiben, der nach innen gewendete Noppengürtel trägt. Der Mann genießt das doch. Ich lasse ihn am Schluss des Werbeblocks leise keuchen und sagen:

›Bleiben Sie dran. Ich komme gleich nach dem Vaterunser.‹«

Pietsch liest den Text für unser heutiges Sleep-in. Sie ist noch nicht wieder ganz zurückgekehrt in ihr armseliges Inneres. Sie war außer sich.

Wir zwei älteren »Herrschaften« … das sagt sie immer, wenn sie uns antreiben will. Es geht ihr alles zu langsam, und dann zischt sie: »Herrschaften, es wird Zeit.« Oder: »Herrschaften, wir sind gleich auf Sendung!«

Also wir zwei Herrschaften haben ihr den Vogel gezeigt, als sie uns mitteilte, wir müssen, bevor wir auf das Klo wollten, uns abmelden, und man würde uns kontrollieren, damit wir nichts Unerlaubtes mitnähmen. Die HÖWEI hätte es so bestimmt, um zu verhindern, dass wir dort irgendwelche Dinge schrieben, die der Zensur entzogen würden.

Als Renate das hörte, wurde sie blass und schrie: »Verlassen Sie sofort unser Haus!«

Nefzella und Roggenstroh schauten etwas verunsichert ihre Anführerin an, die aber lächelte triumphierend und antwortete: »Das ist, meine Liebe, vielleicht früher mal eine Möglichkeit gewesen. Im Moment haben wir das Hausrecht. Wie Sie aus der Jungcontainerzeit wissen, bestimmen wir laut Vertrag, wer kommt und wer geht.«

Renate wurde ganz ruhig, was ihre Art nur selten ist, und stellte fest: »Sie entsprechen in allem, was Sie tun, meiner Vorstellung von einem Testobjekt. Aus Zeiten, in denen man Menschen mit dem absoluten Gehorsam brauchte.«

Das gefiel der Pietsch nicht. Sie schob einen verknurrten Satz durch ihre fast geschlossenen Lippen, der wohl ausdrücken sollte: »Pflicht … tan … öre Eisung … eiss nicht, assi ollen!« Darauf Renate: »Sie gäben eine prächtige Kommandeuse ab.«

Ich versuchte mich begütigend dazwischenzuwerfen: »Bitte, Frau Pietsch, meine Frau meint nicht, dass Sie irgendein pawlowscher Hund sind…«

Und Renate: »Nein, das meine ich nicht, misch dich nicht ein! Ich habe…«

»Du hast ›Kommandeuse‹ gesagt. Das weise ich energisch zurück. Da haben wir wieder die Walserkeule.«

»Die was?«

»Die moralische Keule von Martin Walser, die wir Deutsche immer sofort schwingen, wenn wir auf irgendwas stolz sein sollten. Hat er auch Recht. Irgendwann muss Schluss sein.«

»Mit der Vergangenheit.«

»Ja.«

Das Gespräch lief ganz nach dem Willen der Carmen Pietsch. Was sie aber nicht wusste, auch nach unserem. Renate und ich können solche Dialoge aus dem Stand. Irgendwas muss der Mensch ja gelernt haben.

Die Pietsch schaute durch die halb offene Küchentür, ob das Kamerateam in der Nähe ist. Sie winkte, und es entstanden Geräusche, die darauf schließen ließen, dass sich da bald ein Rotlicht auftun würde. Renate verstärkte ihre Stimme und rief:

»Man kann höchstens mit der Zukunft Schluss machen, indem man sich umbringt. Die Vergangenheit kann man nicht abschütteln, weil die Gegenwart ihr Ergebnis ist!«

»Hör mal, wenn ich jetzt mit dir Schluss mache, dann ziehe ich einen Schlussstrich, und weg ist die Vergangenheit.«

»So einfach ist das? Und was bleibt von unserer Vergangenheit übrig?«

»Der Tag, an dem du mich so geschlagen hast, dass ich zum Schönheitschirurgen musste.«

Renate konnte kaum ernst bleiben. Mit einem Auge sah ich, dass die Kamera durch den Türspalt schoss.

Renate: »Und? Nichts mehr übrig geblieben?«

Und ich: »Nichts mehr. Spurlos. Alles weg!«

Renate: »Irrtum, mein Lieber. Ich habe die Rechnung!«

Ich wurde ärgerlich und zog die Pietsch ins Gespräch.

»Sind wir jetzt auf Sendung?«

Die Pietsch strahlte: »Ja, *live*!«

»Dann muss ich es Ihnen erzählen und unseren Zuschauern auch. Es wird alle interessieren. Firnholzer hat ein Geheimnis. Im Übrigen muss ich einflechten, dass es ihn wirklich gibt.«

Die Pietsch wurde neugierig.

Sie schaute auf die Uhr. »Los Herrschaften, ins Bett mit Ihnen. Erzählen Sie die Geschichte doch beim Sleep-in.«

Sie wird durch die Werbung unterbrochen.

Deutsche Werbung. Bieder, bierernst, todtraurig. Ach, wenn sie doch so bliebe!

Sollte sie den Ehrgeiz haben, sich der amerikanischen zu nähern, wird es nicht mehr auszuhalten sein. Diese ewige gute Laune ist nicht zu ertragen. In Amerika. Jeder Mann hat 64 Zähne, jede Frau, die ein Produkt hochhält, schaut so angestrengt lüstern, als wolle sie mit dem Schmelzkäse und dem Endverbraucher sofort ins Bett. Keine Falte bei Männchen und Weibchen. Wahrscheinlich haben sie es alle faustdick hinter den Ohren. Dort, wo sie einen Knoten haben, der das Geliftete zusammenhält. Und jeder Satz, den sie strahlend ausstoßen, ist angefüllt mit diesen trompetenhaften Okääs!

»I okää am okäää happy okäää?«

Renate: »Du wolltest mir, bevor wir das Licht löschen, unbedingt noch etwas über Firnholzer erzählen.«

Dieter: »Es bleibt unter uns?«

Renate: »Ehrenwort.«

Dieter: »Firnholzers Onkel war ein Sohn von Adolf Hitler.«

Renate: »Wahnsinn!«

Dieter: »Hitler wollte ihn umbringen lassen. Aber er ist entkommen. Eva Braun hat ihm geholfen.«

Renate: »Eine tolle Geschichte.«

Dieter: »Und sie ist wirklich wahr.«

Renate: »Deine Nase wird so lang.«

Dieter: »Neinnein, ich hab' so eine. Aber weißt du, warum Hitler seinen eigenen Sohn umbringen wollte?«

Renate: »Weil er von Goebbels war.«

Dieter: »Mit so was macht man keine Scherze. Es war so, dass
der Junge von klein auf die Tischgespräche mitgehört
hat. Und eines Tages hat Hitler ihn gefragt: Was willst
du denn später einmal werden?«

Renate: »Und was hat er gesagt, der Kleine?«

Dieter: »Jude.«

Blackout. Ich will sagen, dass wir das Licht gelöscht haben. Danach hörten wir sämtliche Telefone klingeln. Das Feedback?

Wenn wir so weitermachen, werden wir die Pietsch vielleicht
los. Oder das Fernsehen. Und die HÖWEI. Und eine gesicherte
Zukunft.

Telefon.

Eine kalte, nölige hochdeutsche Befehlsstimme grade eben.

HÖWEI!

Unterlassen Sie das! Macht man nicht.

Was?

Jude. Sagt man nicht.

Wieso? Es gibt welche.

Das ist kein Thema für Sie.

Entscheide ich schon selbst, mein Lieber.

Bin nicht Ihr Lieber. Sie entscheiden gar nichts.

Wasn das fürn Ton?

Ein für alle Mal. Muss raus!

Der Jude muss raus?

Sie wissen genau, was ich meine. Gibt Ärger. Antisemitismus.

Hat grade noch gefehlt.

Der Mann kocht. Man hört ihn förmlich zischen.

Hängt ein.

Aha. Jude sagt man nicht. Ganz normales Wort.

Wie Baptist oder so.

Merkwürdig.

Oder doch nicht? Soll ja mal ein Schimpfwort gewesen sein.

Hat sich eingefressen. Ist noch so.

Sagt man nicht.

Das ist es.

LIEBER GOTT,
MACH MICH KRUMM

Mit diesem Nachtgebet auf den Lippen bin ich mit geschlossenen Augen nicht eingeschlafen. Der Zorn ist in mir hochgeschossen wie ein übermächtiges Sodbrennen nach dem Genuss von einem Eimer ALDI-Wein. Der Satz stammt aus dem Text für die Charakterstudie eines karrierebegierigen Juristen.

»Da kann der Staat seinen Hintern noch so zusammenkneifen! Ich komme hinein. Notfalls hilft das Stoßgebet:

Lieber Gott, mach mich krumm,

dass ich durch die Öffnung kumm.«

Durch dieses Tunnelerlebnis verschwinden viele ehemals anständigen Charaktere in die höheren Gehaltsklassen. Man bekommt sie recht selten wieder auf den Boden. Gewöhnlich kommen sie nie wieder.

Mit so einer Kreatur hatte ich es wohl gerade zu tun. Politische Parteien schicken sehr oft ihre so genannten Talente in die Arena. Sind sie einmal in der Karriereumlaufbahn, entgehen sie der Beförderung nur durch frühzeitigen Tod.

Dieses Tunneln verleiht ihnen ein Aussehen, das uns ermöglicht, sie sofort zu erkennen: Sie haben angelegte Ohren.

Ihr Preis wird natürlich immer höher, und man kann sie nicht mehr bezahlen.

So ein viel gebrauchter Mann wie der CSU-Waffenbruder Erich Riedl ist auf dem Gebrauchtpolitikermarkt schlicht unverkäuflich. Inzwischen bekommt man nicht einmal mehr das Flaschenpfand zurück.

Alle diese Volksvertreter werfen etwas ab. Ihr Gedächtnis.

Recht haben sie. Warum soll man etwas mit sich herumschleppen, das man nirgendwo gebrauchen kann.

Ich bin ja schon etwas älter, und bei mir ist der Gedächtnisabbau, im Gegensatz zu der Routine-Amnesie der Politiker, echt.

Aber ich muss mich den Herausforderungen des Alters stellen. »Aktiv altern!«, hat eine Familienministerin vor den Insassen eines Altersheims ausgerufen.

»Aktiv altern?«

Mit einer gezielten Rechten die Privatbesitzerin des Heims zu Boden strecken, den Fuß auf ihren Bauch setzen und das Heim zur menschenrechtsbesetzten Zone erklären. Aktiv überleben.

Das und »sich den Herausforderungen des Alters stellen«, das ist das Sozialblabla für Kurzvisiten. Kaum hat eine Ministerin oder ein Minister das Haus verlassen, werden die Insassen wieder eingesammelt und an die Betten gebunden.

Renate und ich leben dagegen noch in relativer Freiheit unter den Augen und Ohren von Pietsch, Nefzella und Roggenstroh.

So schnell verraucht die Wut in mir nicht nach dem Nachtgespräch mit dem HÖWEI-Pfeifenkopf. Wir werden sehen, wie wir diesem Herrn weitere Unannehmlichkeiten bereiten können. Zum Beispiel heute beim Afternooncometogether.

Man ist angehalten, unseren Zuschauern eigene Betrachtungen zum Lauf des Lebens anzubieten.

In einer Stunde ist so ein Reizschwellenüberschreitungstext leicht geschrieben.

Es heißt tatsächlich so: Come-together.

Es gibt rüde Menschen, die so etwas ein Fuck-another nennen.

NUR POPEL
SIND UNBESTECHLICH

Deutschland ist das Land der ungenannt sein wollenden Millionäre. Es gibt nachweislich mehr Millionen als nachgewiesene Besitzer. Deutsche Millionen sind ausgesprochen mobil. Und sie kommen um die Ecke, wenn man gar nicht damit gerechnet hat.

Der frühere CDU-Schatzmeister mit Namen Leisler-Kiep zum Beispiel hat heute noch und immer wieder mit diesen umherirrenden Schreiber-Millionen oder diesen Leuna-Millionen, von denen man heute noch nicht weiß, wo sie herkamen, geschweige denn, wo sie hinkamen, zu tun. Und Leisler-Kiep weiß immer schneller von nichts. Mal schlägt er die Hotelbettdecke auf, da liegt eine drunter, eine Million, wie ein Haufen ekliger Kakerlaken (deswegen heißen diese Tiere ja so, weil sie sich unter Laken verbergen) – pfui Teufel, sagt Walther der Leisler und verlässt fluchtartig das Hotel. Da fällt ihm eine Million auf den Kopf wie ein Vogelschiss, und er sagt: »Ja, wo kommst du denn wieder her?«

Wie eine christdemokratische Flugente stürzt sich eine Parteispendenquittung auf den armen Schäuble beziehungsweise auf seine Weste, die so weiß ist, dass sie aussieht wie ausgekocht. Und dann stürzt sich eine weinende Baumeisterin auf den Leisler, wirft ihm voller Ekel 100 Tausendmarkscheine ins Gesicht und zischt: »Leisler keep it!«

»Aber«, sagt der, »ich war damals ganz woanders, ich habe meine Hände ganz woanders hin gehalten. Man kann als Schatzmeister einer christlichen Volkspartei doch seine Hände nicht überall haben!«

In der Tat, die Herren sind äußerst gefährdet, weil diese Partei mit ihren enormen Nehmerqualitäten so wahnsinnig beliebt ist und jeder halbwegs vermögende Mann oder diese und jene große Firma – ich möchte den Namen Siemens ganz bewusst nicht nennen –, sie alle, die Spenderinnen und Spender, denken nur daran, wie man die Bescheidenheit dieser Christdemokraten, die durch ihre permanente Mittellosigkeit am besten gehindert wird, belohnt.

Die Damen und Herren der Politik, die alle verfügbaren Mittel den armen Sachsen und Vorpommern geschenkt haben, wodurch diese Länder auch zu Mitteldeutschland gerechnet werden, wollen ja, und wir glauben ihnen das, nur unser Bestes.

Und das ist unser Geld.

Ich habe versucht, mitzuhelfen, und habe auf einer öffentlichen Toilette einem völlig abgemagerten CSU-Abgeordneten einen Hunderter in die rechte Hosentasche geschoben. Er konnte sich nicht wehren, er hatte keine Hand frei.

Heute weiß ich, dass das eine frevelhafte Handlung war. In den diversen Korruptionsuntersuchungsausschüssen, die offenbar nur angesetzt werden, um den bereits längst verschwundenen Belastungsakten nachzuweinen, verblüffen immer wieder die tiefe Ahnungslosigkeit und die Unschuld, verbunden mit einer rührenden Hilf- und Wehrlosigkeit, mit der die Beschuldigten ihre völlige Unerfahrenheit im Umgang mit Geld eingestehen müssen.

Der in diesen Dingen führende deutsche Geldpolitiker Kohl soll bis zum Tage der Aufklärung tatsächlich geglaubt haben, dass eine Milliarde 100 Millionen hat.

Phantastisch allerdings ist ihre Treue zur Gesamtheit der Partei! Um sie zu schützen vor den Folgen der Wahrheit, opfern sie sogar den Ruf, einigermaßen intelligent zu sein.

Als der frühere Schatzmeister der hessischen CDU Prinz Casimir zu Sayn-Wittgenstein – er heißt wirklich so – bei einem flüchtigen Blick in die leere Parteikasse 40 noch nie da gewesene

Millionen Mark entdeckte und ratlos davor saß und fassungslos fragte: »Ja, wer hat euch denn erlaubt, hier in die Kasse zu schlüpfen? Ihr seid doch gar nicht im Rechenwerk verbucht?«, da ahnte er, dass das seiner Partei Unglimpf verursachen könnte, und tötete flugs eine Anzahl von reichen hessischen Juden, die kurz vor ihrem Ende, so sagte Prinz Casimir, ihr gesamtes Geld der CDU vermachten, damit sie Synagogen baue.

Man fragt sich: Wo hat dieser Prinz den Schrank, in dem er seine Tassen gar nicht haben *kann*? Es hat sich aufgeklärt.

Das Mondkalb von Christian Morgenstern verriet es mir im Stillen: Der Prinz ist, als er noch Frosch war, zu oft an die Wand geworfen worden.

Gut und schön, sagen die Bestochenen... die Betroffenen meine ich natürlich, aber wie sagt man im Volksmund? »Wer mit dem Finger auf andere zeigt, hat die restlichen vier auch irgendwo drin.«

Richtig. Deutsche Sozialdemokraten haben das Riesentalent, mit dem falschen Hintern auf der falschen Hochzeit vom falschen Fotografen voll erwischt zu werden.

Die führenden Sozialdemokraten von NRW haben eine richtige Lusthansa betrieben.

Eine Bank hat sie mit ihren Nebenfrauen zum Höhepunkt befördert. Die Pöbel-Postillen von Burda haben monatelang die Geschlechtsteile der Bank jubelnd besprochen.

Und um bei der Verhältnismäßigkeit zu bleiben: Wenn diese Herren Sozis die Kohl- und Casimir-Millionen hätten verfliegen müssen – sie hätten kein Bein mehr zur Erde gebracht.

Putzig war der Wettbewerb aller spendengeldunterhöhlten Unschuldigen um die Krone des besten Lügners aller Zeiten, der seit diesen Tagen jährlich mit einer Kochmütze ausgezeichnet wird. Koch selbst hat vier.

Mit den Mützen soll ihm demnächst der Titel eines »Brutamölü« verliehen werden. Es ist kein türkischer Titel, sondern eine Abkürzung und heißt: Brutalstmöglicher Lügner.

Es wird darüber nachgedacht, ob man in Zukunft einen Kandidaten für die Ministerpräsidentenwahl, der diesen Titel nicht erworben hat, überhaupt noch zulässt. Die CDU hat es noch offen gelassen.

Viele ehrwürdige Demokraten haben inzwischen in unzähligen Talkrunden, an der Spitze die geschwätzführende Vorsitzende Christiansen, darüber nachgedacht, wie man eine große, wichtige Partei an der öffentlichen Notschlachtung hindert.

Wie bestraft man die Bestecher?

Für mich ist das klar. Man muss sie daran hindern!

Und da muss man in Rechnung stellen, dass Joop und Boss, und wie diese Modefuzzis alle heißen, den Boden für die aktive Schmiergeldseuche bereitet haben. Sie entwerfen Anzüge, die bis zu 20 Taschen haben!!

Das mag angehen, wenn man sich in schmiergeldfreien Zonen bewegt, aber für Politiker, die täglich durch Zusteckbriefe gefährdet sind, ist es doch eine Zumutung, dauernd ihre Augen überall haben zu müssen. Schaut er links hin, schon hat er rechts ein Kilo Geld drin. Und weiß nicht von wem! Auf die Idee gekommen bin ich, als ein Minister in den Ruf ausbrach: »Man müsste diesem grünen Arschloch alle Öffnungen, die er am Körper hat, untersagen! Verdammt und zugenäht!«

Das hat mich darauf gebracht. Zunähen. Alle Taschen zunähen. Und später die eng anliegenden, taschenlosen Antikorruptionsanzüge (AKA) vorschreiben.

Viel komplizierter wird es, wenn man den Aktionsradius von Akten in diesem Lande einschränken möchte. Laufende Akten sind besonders in Ministerien und vorzüglich in Bundeskanzlerämtern das große Problem für alle Brutamölüs.

Im Jahre 1998 sind zum Beispiel bei Herrn Pohl oder Mohl, egal, jedenfalls bei dem Herrn, der für die Akten von Kohl verantwortlich gewesen ist, über Nacht viele verschwunden. Mit deutlichen Fluchtspuren. Und man sagte, es handle sich eben um »laufende Akten«. Sie sind weggelaufen.

Sie haben sich dem Zugriff der Brutamölüs entwunden. Es findet da wohl, es ist noch im Gange, eines der größten Schurkenstücke in dieser Republik statt: »Helmut und der Reißwolf«.

Das heißt also, dass die entlaufenen Akten sich selbst beseitigt haben.

Erfahrene Juristen in diesem Lande haben Flüchtigen immer schon gelassen lächelnd nachgeschaut und gemeint: »Lass sie laufen. Weit werden sie nicht kommen.«

Stimmt. Um die Ecke lauert der Wolf.

Sie sind weg, die Leuna-Akten, die Fuchspanzer-Akten, die Airbus-Akten und die Belege für die Schweinereien mit den Eisenbahnerwohnungen.

Die Fluchtspuren sind gründlich verwischt. Es müssten denn ein paar unerschrockene Staatsanwälte... gibt es hierzulande wohl nicht. Die meisten sind erschrocken.

Bohl heißt er übrigens, der Herr im Kanzleramt, der die Akten laufen lehrte.

Ein Skandal? Vielleicht. Aber ich kann Richter und Staatsanwälte verstehen. Man sägt nicht an dem Stuhl, auf dem man sitzt.

Man müsste einmal nachdenken, ob viele Richter und Staatsanwälte ihr Barett nicht schon an den Nagel gehängt haben.

Und Kochmützen tragen.

Und seufzend, mit den Wimpern und auch mit den Achseln zuckend, erklären die Historiker, dass man es schon wieder mit einer neuen Zeitrechnung zu tun habe. Das Tempo nimmt zu. Erst die Achtundsechziger, dann die frühen Siebziger, darauf die späten Achtziger, und schon brach die DDR unter der

Schuld ihrer Lasten, nein, unter der Last ihrer Schulden, zusammen.

Von da an rechnete man »vor der Wende« oder »nach der Wende«. Und heute? »Vor der Spende« oder »nach der Spende«...

Wenn eine spätere Europaregierung eine parteispendenlose Zukunft im Auge haben sollte, dann muss man meiner Idee mit dem spendenabweisenden Nulltaschenanzug näher treten.

Bis dahin sollten sich Politiker, die einen gewissen Spendenmagnetismus als Grundleiden mit sich herumtragen, ein paar Angestellte als ständige Begleiter leisten, die nichts anderes zu tun haben, als ihnen die Taschen zuzuhalten. Zuhälter eben.

Macht man nicht, sagt man nicht, gibt es nicht. Wird der Herr mit der schnarrenden Zensorstimme mir in den Hörer schleudern. Und ich werde ihm zurückrufen:

»Das ist aktives Altern!«

Ich stelle mich den Herausforderungen meines Alters. Üblicherweise heißt dann so etwas:

Ich habe mich den Herausforderungen meines Alters zu stellen, das in der Tendenz zunehmend ist, aber mich, der ich mich einbringe und einbinde in Verpflichtung und Verantwortung, begleitet, wobei ich davon ausgehe, dass beide Kräfte eine sinnvolle Synergiefunktion bis hin zur individuellen Globalisierung auszuüben haben sollten.

Statt einfach zu sagen: »Pass auf, Alter, du ziehst 'ne Kalkspur.«

Dieser Stil wird in die Umgangssprache der Bürger eindringen. Wie zum Beispiel dieses »Einräumen«. Jedes Mal, wenn ein Politiker wie der langjährige Fraktionsvorsitzende der CDU in Berlin, Klaus Landowsky, der ein Spinnennetz der Macht aufgebaut hat, wobei er jeder einzelne Faden persönlich ist, bei mehreren Unregelmäßigkeiten oder, sagen wir, bei seinen Regelmäßigkeiten ertappt wird, gibt er nicht zu, sondern er »räumt ein«.

Und das hat sich im Volke durchgesetzt.

Früher sagte ein Bankräuber vor Gericht:

»Herr Richter, ja, ich gebe zu, ich hab' die Bank geknackt.«

Heute sagt er: »Herr Richter, ich räume ein – ich hab' die Bank ausgeräumt.«

Oder ein etwas feineres Beispiel:

Politiker müssen ja bekanntlich Visionen haben.

Wird immer wieder gefordert.

Ohne Visionen werden sie nicht gewählt.

Aber das muss sich natürlich auszahlen.

Was einen Politiker von unsereinem unterscheidet ist, dass wir bei einer Beteiligung an einem Geschäft ein Kapital einlegen müssen. Ein Politiker legt nur ein Wort ein, damit Panzer an Saudi-Arabien oder die Leuna-Reste an die Franzosen verkauft werden dürfen. Und dieses eingelegte Wort ist wie ein Kapital.

Und eben das ist die Vision, die der Politiker hat.

Pro Vision eine Million.

Daher kommt das Wort Provision.

Plötzlich öffnet sich die Tür, und Roggenstroh und Nefzella stehen vor mir. Sie sehen mein »Nachtbuch«. Oder nicht?

Ich werde wütend und schreie sie an: »Kommt ihr immer nur zusammen? Seid ihr schwul oder was?«

Zu Tode erschrocken starren sie mich und dann sich gegenseitig an und verschwinden wortlos.

Unten im Schlafzimmer schleiche ich mich neben Renate. Sie ist noch wach.

Ich erzähle ihr, was vorgefallen ist, schildere das Telefongespräch. Sie kichert:

»Sie werfen uns nicht raus. Die Carmen hat's mir verraten.«

»Wieso nicht?«

»Die Einschaltquoten steigen.«

Und ich denke bei mir: Mit Gesinnung ist heutzutage nichts mehr zu machen. Egal mit welcher. Gute Nacht.

DAS NACHRUF-INTERVIEW

Der Morgen beginnt schlecht gelaunt seinen Tagesdienst. Vielleicht graut es ihm vor dem Abend, dem immer dieser alberne Nachsatz anhaftet, der Morgen müsse bedenken, dass er nicht aller Tage ... so wie die gefoulten Vergleiche, denen man nie die Zusatzbemerkung erspart, sie hinkten. Jedenfalls: dem Morgen graut. Die Bäume schütteln sich. Was kommt auf uns zu?

Renate schaut hinaus, gähnt und dreht sich auf die andere Seite. Das heißt, sie will sich drehen.

Draußen beginnt ein höllischer Lärm. Irgendein Straßenrennen scheint in der Nähe gestartet worden zu sein.

Ich schieße hoch. Unten auf unserem klitzekleinen Rasenstück mäht Nefzella mit einem riesigen Motorrasenrasierer.

»Renate! Schau dir das an! Der Knüppel gärtnert.«

Renate springt wütend aus dem Bett, zieht sich den Morgenrock an. Kurz darauf höre ich sie unten im Garten schreien: »Was machen Sie da? Für das kleine Stückchen veranstalten Sie früh um sieben ein Formel-1-Rennen? Haben Sie einen Virus in der Festplatte?«

Der Lärm bricht ab.

Nefzella fragt verunsichert zurück: »Ob ich *was* habe?«

Renate überhört die Frage und schimpft weiter:

»Den Rasenfetzen können Sie mit der Nagelschere schneiden!«

Die Nachbarin schaut beleidigt über den Zaun. Der Rasenschneide-Bolide gehört ihr. Ihr Rasen ist genauso groß wie der unsere. Ihr Mann gehört zu den Verbrauchern, die von den Herstellern solcher Produkte besonders heiß geliebt werden. Paketzusteller berichten, dass sie schwer in das Haus eines solchen Verbrauchers hineinkommen, weil es voll gestopft ist mit elektrischen Geräten, neuesten Mobiltelefonen, riesigen Kabelrollen und vielen, vielen anderen Überflüssigkeiten. Diese Leute kaufen sofort alles, was sich auf den Markt schreit.

Sie lesen Werbung!

Das habe ich nicht für möglich gehalten: Es gibt Menschen, die nicht fluchend das Zeug, das einem morgens aus den Zeitungen auf die Füße fällt, sofort in die Tonne schmeißen, sondern die Texte auf diesen bunten Behelligungen zur Kenntnis nehmen!

Und so kann es eben geschehen, dass ein Kleinstgartenbesitzer einen unglaublich preiswerten Rasenmäh-Ferrari einsetzt. Natürlich in der Hoffnung, dass seine Nachbarn das auch bemerken. Also kann es nicht laut genug sein.

Diese Spitzenverbraucher haben selbstverständlich alles, was dem Menschen die lästigen Alltagsverrichtungen abnimmt. Knatternde Zahnbürstenmobile – elektrisch getriebene Ohrenschmalzentferner – elektronisch lenkbare Fußnägelsägen und ganz bestimmt auch das Allerneueste, was der Markt seit einem halben Jahr stolz anbietet: die japanische elektronische Kauhilfe für faule Nahrungsaufnehmer.

Nefzella ist von der Besitzerin der brüllenden Mähmaschine in ein Gespräch verwickelt worden. Er wird wahrscheinlich wieder etwas über uns erfahren haben, was dann zu den Persönlichkeitserhebungen der Pietsch kommt.

Roggenstroh wurde vorgestern vom Briefträger in ein längeres Gespräch gezogen. Einige Male ließen sie dann ihre Augen über die ungekehrte Straße und die aus den Steinplatten sprießenden Gräser schweifen.

Unsere Freunde rufen seit einiger Zeit nicht mehr an. Vermutlich hat sich jedes Mal die piepsstimmige Pietsch gemeldet, war dabei »cool«. Abweisend.

Auftraggeber, also Radiostationen, Zeitungsredaktionen, Veranstalter schweigen.

Es läutet an der Tür.

Ach ja. Um 8.00 Uhr erwarten wir einen Herrn, der ein Fernsehinterview mit uns führen will. Die Pietsch hat mir mit so einem gemischten Lächeln, hinter dem sich Schadenfreude und Gewissheit versteckten, die Gewissheit nämlich, dass wir uns in die Ecke reden lassen werden, mitgeteilt, dass ein junger Mitarbeiter der HÖWEI ein Gespräch mit uns haben möchte. Vermutlich handelt es sich bei dem Herrn, der da gerade auf unser Haus zuschreitet, um einen dieser Eliteboys, die seit einiger Zeit in TV-Internaten gezüchtet werden.

ORA-TV, so heißt es, sei bereits so weit, dass sie geeignete Mütter mit toughen Vätern, die wiederum aus Verbindungen von Führungskräften aus Funk und Fernsehen mit Spitzendamen aus Business, Banken und Börse stammen, elegant verkuppelt und die Förderbabys den darob dankbaren Eltern sofort abkauft und, ohne sie den öffentlichen Schulen und Universitäten auszusetzen, mit Privatgelehrten zu Spitzenjobanwärtern erziehen lässt.

Es wird angenommen, dass die hohen Erwartungen, die man in diese Aufzucht mit Abhängigen setzt, erfüllt werden.

Topfit – saustark – eiskalt werden sie sein, die Damen und die Herren. Auch die Damen. Die Damen wahrscheinlich besonders. Sie müssen ein paar Jahrhunderte nachholen. Ganz deutlich wird das im Straßenverkehr.

Immer häufiger fahren junge Frauen mit grimmigen Gesichtern, mit Augen, die bis an die Zähne bewaffnet sind, wie eine

Weibstandarte des jeweiligen Supermoneymakers einem fast über die Füße, schneiden einem beim Fahrbahnwechsel den Kotflügel ab, zeigen bei Protestversuchen den erigierten Mittelfinger und gleichen aufs Haar den motorisierten Rüpeln der ehemaligen Männerdiktatur. Sie gehen auch schon zu tätlichen Handlungen über, das heißt: Sie prügeln sich um Parkplätze.

dpa meldet aus Ludwigshafen, dass zwei Frauen (29 und 31) ein und denselben Parkplatz besetzen wollten. Die Ältere stellte ihr Auto hin, die Jüngere ging hin und ließ die Luft aus den Reifen, die Ältere verbiss sich im Ohr der Jüngeren, die Jüngere schlug ins Gesichtszentrum der Älteren eine rechte Gerade, die, nach jahrelangem Box- und Fitnesstraining, eine kampfentscheidende Wirkung hatte. Die Getroffene fiel wortlos um.

Beide Damen sollen hochbezahlte Positionen in der weltbekannten Consulting Corporation Brains & Bones Ltd. einnehmen.

Nun sitzt uns ein sehr selbstbewusster junger Mann gegenüber, der aus demselben Ei wie besagte junge Damen geschlüpft sein könnte. Er lässt keinen Zweifel daran, dass er der Chef im Ring zu sein hat. Zunächst erklärt er, dass es ihm bei allem auf die »Inhalte« ankomme. Er möchte, betont er – wahrscheinlich wird er gleich etwas »unterstreichen«, dann unterstreichen, dass er etwas betont, und dann auf die Feststellung Wert legen, dass er darauf hingewiesen hat –, Inhalte betonen. Und ich nicke und sage: »Und ich möchte deutlich darauf hinweisen.«

»Worauf?«, fragt er erstaunt zurück.

»Wie meinen Sie?«

»Ich meine, worauf wollen Sie hinweisen?«

»Einfach so. Ich weise immer mal wieder darauf hin und möchte betonen, dass es uns auf die Hinweise ankommt, dass es mit den Inhalten immer schwerer wird. Und zwar wegen der zunehmenden Perfektion der Verpackungen!«

»Sie meinen das Überhandnehmen des Formalen in der Literatur?«

»Nein, ich meine die Erdnüsse in der Hotelminibar. Man kommt nicht ran an den Inhalt.«

Renate tritt mir energisch auf den Fuß.

Bohnenkamp, so wurde er uns vorgestellt, schaut mich ratlos an. Er ist so zwischen 30 und etwas mehr. Es ist nicht sein Scherzgebiet.

Bohnenkamp mustert uns. Wir ihn.

Er ist der Typ, den man in Funk- und Fernsehanstalten gern anstellt. Man hat lange was an ihm, er wird nicht aus dem Ruder laufen. Seine Kreativität ist nicht Besorgnis erregend, hie und da darf er mal vorrücken, aber im Grunde strebt er schon bei Beginn der Karriere ihrem Ende zu, der sicheren Pension.

Was ihn so verwendbar macht, das sind seine Vorstellungen, die er bezüglich seines Talents hat. Seine hängenden Mundwinkel, die aus seinem Mund ein umgestürztes U machen, verraten, dass er dieses Interview mit uns, also mit Menschen, die seiner Meinung nach eigentlich nicht mehr mitspielen dürften auf Grund ihres Alters, für eine Zumutung hält. Ich fürchte, der Mann wird später nicht einmal Falten kriegen.

Aber manche Menschen werden schön, wenn sie schlafen.

Bohnenkamp mustert Renate in unverschämter Weise. Er taxiert sie! Sie steht auf, um nach dem Kaffee für unser Kamerateam zu schauen. Bohnenkamp blickt ihr nach. Er starrt auf ihre Beine!

Und er macht sich eine Notiz.

Ruhe bewahren, sage ich zu mir. Gelassen bleiben.

Vielleicht sollte ich auch aufstehen und …

Ich tue es und drehe mich ganz schnell um. Er schaut auch auf meine Beine und notiert etwas.

Was soll das? Mir fällt eine Szene ein, die mir mein Vater

vorgespielt hat. Ein Herr mit einer Aktentasche war in die Wohnung meiner Eltern gekommen, hatte ein ganz alltägliches Gespräch begonnen, sich so nebenbei nach der Gesundheit erkundigt und alle Bewegungen meiner Mutter aufmerksam verfolgt.

Der Herr war von der Bayerischen Beamtenversicherung und sollte wohl erforschen, wie lange man noch zahlen muss.

Und Bohnenkamp? Na sicher, es ist ähnlich. Er taxiert ganz diskret unsere Verweildauer auf dieser Erde.

Renate sitzt, die Werbung ist vorbei. Bohnenkamp meldet sich »aus dem Senioren-Container in der Werner-Flink-Allee«, man sieht und hört uns zu. Hoffentlich.

Er erwähnt zum zweiten Mal die »Werner-Flink-Allee«, und ich unterbreche ihn, was er mit einem ärgerlichen Blick belohnt.

»Finck.«

»Was sagen Sie?«

»Sie sagten Werner Flink. Es heißt Finck.«

Er lächelt nachsichtig und sagt frech: »Das müssen Sie mir überlassen.«

»Nein, das kann ich nicht Ihnen überlassen. Weil es sich um einen ganz berühmten Mann handelt, der höchst ungehalten werden konnte, wenn man seinen Namen ohne das C vor dem K schrieb.«

Bohnenkamp schaut auf sein Manuskript, nimmt einen Kugelschreiber und verbessert das Hingeschriebene.

Dann möchte er den kleinen Fehler wegwischen und setzt lässig hinzu: »Es weiß ohnehin niemand, wer welchen Straßen seinen Namen gegeben hat.«

Jetzt wird Renate ungeduldig und meldet sich zu Wort.

»Sie kennen ihn gar nicht?«

Bohnenkamp zögert, sagt dann aber entschlossen: »Ein früherer Oberbürgermeister dieser Stadt, ich weiß.«

Renate: »Das ist der Vogel. Nicht der Finck. Obwohl der Finck ein Vogel ist.«

Bohnenkamp übergeht es einfach und schnoddert:

»Jaja, ich erinnere mich. Aber das soll nicht der Inhalt unseres Gesprächs sein. Ich möchte Sie vielmehr fragen, wie Sie das Altwerden empfinden...«

Renate fährt ihm dazwischen. Sie liebt den Jungen zunehmend.

»Ich könnte darauf verzichten.«

Bohnenkamp mustert Renate wie ein Insekt. Er belehrt herablassend:

»Das ist es nicht, was ich von Ihnen wissen möchte. Ich frage Sie noch einmal: Bedeutet das Altwerden für Sie Ziel, Aufgabe oder Weg? Will sagen...«

Renate unterbricht ihn patzig: »Warum sagen Sie's nicht gleich?«

Bohnenkamp: »Die Fragen stelle ich.«

Und nun lachen wir alle beide.

Das irritiert ihn. Er setzt noch einmal an:

»Steht am Ende des von Ihnen gedachten Weges Gott als Weg und Ziel?«

Dazu muss ich natürlich etwas sagen. Ich mache es todernst: »Nein, als Aufgabe. Will sagen: Ich habe ihn aufgegeben.«

Bohnenkamp spürt, wie ihm langsam der Teppich unter den Füßen abhanden kommt, auf dem er sein Interview aufgebaut hat. Er legt Tadel in den nächsten Satz.

»Meinen Sie nicht, dass es Ihnen an Demut gebricht, wenn Sie so über Gott sprechen. Sie, der Sie doch an der Schwelle stehen zur großen Abrechnung. Oder denken Sie nie darüber nach?«

»Natürlich. Wenn es diesen Himmel gibt, komme ich da mit Sicherheit an. Und dort stehen dann viele Leute, die ich kenne, und die teilen sich in zwei Gruppen. In Spucker und Küsser. Die einen spucken mir ins Gesicht, die anderen küssen mich. Das wird alles sein. Mit meiner kleinen Seele wird sich Gott nicht beschäftigen. Gott ist tot. Sagt Nietzsche.«

Bohnenkamp besteht nur noch aus Zusammenzucken. Er ahnt schon die Briefe und Telefonanrufe der Empörten.

Renate stößt nach, sie schürt, sie wühlt, denn sie ist gereizt, weil sie spürt, dass dieser Knabe ein Aushorcher ist, der aber nicht die geringste Ahnung hat, wer wir sind. Sie sagt mit einem hinreißend falschen Lächeln:

»Wir sagen mit dem bedeutenden Kathologen Professor Bur-Böll-Malottke: Jenes höhere Wesen, das wir verehren.«

Böll war der Dichter der Fünfziger- und Sechzigerjahre, und Bohnenkamp ist sehr jung. Es wäre jetzt unfein, ihn noch weiter zu verwirren, wenn wir etwa behaupten wollten, dass Bur-Malottke unter dem Pseudonym Murke den Roman »Böll« geschrieben hat.

Und Böll kennt er natürlich, hat aber keine gute Meinung von ihm.

»Böll hat ein paar überflüssige Romane hinterlassen. Oder feiert irgendjemand seinen Geburts- oder Todestag? Kästner ja, der bleibt.«

»Der politische oder der unterhaltende Kästner?«

»Politisch? Den politischen Kästner gibt es doch gar nicht.«

Wir schauen uns an. Stille breitet sich aus.

Und Bohnenkamp führt weiter aus:

»Er soll wohl mal Kabaretttexte geschrieben haben, aber wer will von denen noch was wissen.«

Meine letzte, schon sehr eingeschüchterte, zaghafte Frage: »Kennen Sie Nestroy?«

Und Bohnenkamp: »Nestroy? Jaja, dieser Engländer mit den Operetten.«

Er sieht nun fassungslos, dass wir das Interview einfach beenden, dass wir aufstehen und uns für das Gespräch bedanken. Er wundert sich, dass wir so deprimiert wirken. Jeglicher Witz war uns abhanden gekommen. An der Tür drehe ich mich noch einmal um, die Kameras waren ausgeschaltet, Werbung überdeckte das Vorhergesagte.

»Herr Bohnenkamp! Ich vermute, dass Sie Akademiker sind?«

Bohnenkamp: »Ja.«

»Sie sind Dr. phil.«

»Ja. Warum?«

»Und Sie sind Redakteur?«

»Ich bin leitender Redakteur einer Kultursendung. ›Carpaccio‹. Haben Sie sie schon mal gesehen?«

BEST OF FIVE O'CLOCK

Tea-Time-Talk im Wohnzimmer.

Kurz vor der Werbung.

Ich fragte aufgebracht Renate: »Weißt du, was das jetzt gerade war?«

»Natürlich. Ein Flop. Ein schlecht vorbereiteter, dummdreister Nebbochant verarscht zwei arme alte Containerpeople. Einschaltquote runter – Ausschaltquote rauf. Nicht unsere Schuld.«

»Nee, das war gerade der Versuch einer Nachrufsendung!«

»Was?«

»Ja. In jeder Sendeanstalt gibt es eine Abteilung für Nachrufe. Da schwirren Reporter mit TV-Teams aus, schauen sich vorher Alter, Gesundheitszustand und Lebenserwartung an, haben ärztliche Gutachten, Zeitpunkt des vermutlichen Ablebens der Menschen des öffentlichen Interesses ...«

»Und was haben *wir* damit zu tun?«

»Wir sitzen hier täglich auf dem öffentlichen Tablett. Sie haben die Rechte an uns erworben. Wir gehören ihnen. Sie bauen uns auf, damit die Zuschauer beobachten können, wie wir langsam abbauen.«

»Was du mit mir machst.«

»Du hast zugestimmt.«

»Das war in einem Augenblick, als wir das ganze Geld mit der blöden Telekom verloren haben.«

»Zugegeben. Aber das vorhin war der Ansatz zu einer Nachrufsendung. Der Bohnenkamp ist ein verfluchter Lügner! Aber er wird seine Abteilung im Zaum halten. So sieht er aus. Es ist wirklich schon mal passiert, als es diese Abteilungen noch nicht gab. Es starb ein Papst, und ein Redakteur im Westdeutschen Rundfunk hat die vorbereitete Platte aufgelegt, und es ertönte ein Wiener Walzer.«

»Du lügst. Schau in den Spiegel! Schau dir deine Nase an!«

»Wenn man schon mal die Wahrheit sagt. Glaube es mir, es ist wirklich passiert!«

»Hast du nicht ein paar letzte Sätze?«

»Was meinst du?«

»Du weißt doch, es wird immer wieder behauptet, dass bedeutende Menschen vor dem Aushauchen ihres Lebens noch etwas Großartiges sagen.«

»Ach so, ja. Wagner soll gesagt haben: ›Meine Nachkommen werden den Hügel kaputtkriegen.‹«

»Stimmt gar nicht. Übrigens, Goethe soll sich beschwert haben, dass zu wenig Licht ist.«

»Mir fällt ein: Schnaps, das war sein letztes Wort, aber man kennt den Namen von dem Mann nicht. Ein Kölner Kampftrinker.«

»Ich glaube an diese großen letzten Sätze nicht.«

»Doch, einen glaube ich, aber der war nicht von dem, der starb. Der lag in einer Kate im Bayerischen Wald, wo die Leute sehr arm sind, auf dem Sterbebett, an dessen vier Ecken die Kerzen brannten. Die Frau musste zum Einkaufen, und sie sagte zum Abschied: ›Wenn's so weit ist, blos d' Kerzen aus!‹«

»Durchaus glaubwürdig.«

»Ich möchte auch was Bedeutendes hauchen, wenn es so weit ist.«

»Gemeinsam? Ja, das wäre schön.«

»Und wenn wir in den Himmel fliegen, wir werden atemlos oben ankommen ...«

»Nein, ich stelle mir das poetischer vor. Zum Beispiel: Philemon und Bautze liegen auf der Schnauze.«

Dass Renate so etwas aus ihrem Munde herausbringt, macht mich besorgt.

Fernsehen verroht den Menschen.

Es läuft immer noch Werbung.

Mir scheint, sie wird länger. Warum? Weil der Millionen-Jauch etwas für die Erreichung der hundertprozentigen Einschaltquote tun darf. Es wird bald so weit sein. Es ist nur die Frage: Machen sie sich mit diesem öden Ausfrage-Lotto den Fußball kaputt, oder schafft es der Fußball, das 24-stündige Nonstop-Jauch-Spektakel zu verhindern?

Über allen Wipfeln ist Jauch,

warte nur, balde jauchest du auch. (Kurzform)

Nachrichtensendungen werden schon sicht- und hörbar (Hör-Bars gibt es noch nicht, schau an.) knapper.

Morgen hören wir über die Spaßkanäle:

Israel: Ruhig so weit.

Afghanistan: Verschärft.

Georg Sabbelju Busch: »It's growing better and better!«

Das Wetter.

Es ist so weit. Nefzella steht in der Tür.

Five o'clock. Und »Äktschin!«

(Ich bin heute mit einem Solo dran. HÖWEI hat mich wissen lassen, es müsste auch mal was gegen die Roten gesagt werden.)

Also, meine Damen und Herren, so wie Sie mich hier in meiner schon nach außen sichtbaren Solidarität und Kontinuität als Staatsbürger sehen… hinter mir hängt mein Bundespräsident, den hat der Sender hingehängt, aber ich stehe dazu, denn sitzen hat mir der Regisseur nicht erlaubt, und wenn die Kamera jetzt einmal die Wände abschwenken würde, dort hängt der Platzhirsch Schröder, als Jagdtrophäe ausgestopft, daneben das Tryptichon Wehner, Brandt und Seebacher-Brandt, die Witwe, die vor kurzem in eine Bank eingeheiratet hat. Von der Dame berichtet man übrigens hartnäckig, sie würde einmal in der Woche mit einem Eimerchen Sand und einer Schippe heimlich auf den großen Berliner Friedhof gehen und die Hand von Willy Brandt, die sich pünktlich 13.24 Uhr an jedem Donnerstag drohend herausreckt, zuschaufeln… es ist ein Gerücht, aber es wird in sozialdemokratischen Kreisen verbreitet…

Ja, Sie sehen mich hier fast ein bisschen verlegen, denn ich muss diese Regierung, so Leid es mir tut, loben.

Fühlten wir Bürger und Wähler uns doch in früheren Jahren oft falsch oder gar nicht informiert – durch Zurückhaltung von Informationen, durch gezielte Desinformationen, sodass man fast sagen kann, dass wir uns »vergesässifiziert« vorkamen –, sind wir in den Aufbaujahren der »Berliner Republik« doch mit einer ganz neuen und wesentlich intelligenteren Form der Volksinformation nahezu verwöhnt worden. Mitteilungen an das regierte Volk sollten, so haben es kluge Staatsmänner der frühesten Vergangenheit formuliert, nicht zu genau über das, was nun einmal getan werden muss, informieren.

Und doch sollte ein gewisser Respekt vor der Tücke der Verschleierung empfunden werden.

Gerade in Steuerfragen und bei Finanzproblemen der Wähler und Verbraucher sollte die Brillanz der Sprache verdecken, dass man verriestert, vereichelt, also kurz verschreddert wird: Das erfordert von den Vernebelungs-Rhetorikern ein hohes Maß an Legetechnik.

Die Vergackeierung zunächst und dann das fallende Ei sind durchaus, hohes künstlerisches Einfühlungsvermögen vorausgesetzt, als dramatisches Kunstwerk mit beachtlichem Spannungsgehalt einzustufen.

Es ist Begeisterung, wenn ein Betrachter ausruft: »Schau mal, wie er rumeiert.«

Hören wir uns mal an, mit welcher Legeleistung ein Minister die Wirrnisse einer blödsinnigen Steuerreform zueiert:

Wir sind, meine Damen und Herren, die neue Mitte. Und wenn ich immer wieder die törichte Frage höre: Was ist denn das, die neue Mitte? Ja, meine Damen und Herren, das ist *die* Mitte, die mehr in der Mitte ist als die alte Mitte. Das werfen wir ihr ja vor, der alten Mitte, dass man sie dort, wo man sie suchte, nicht gefunden hat!

Dort, wo wir sind, *ist* sie! So einfach ist das!

Das glauben Sie doch gar nicht, dass wir auf der linken Seite ein Loch gelassen haben. Das haben wir nicht. Denn dort stehen wir auch! Nur dass die, die dort stehen, jetzt auch in der Mitte stehen. Und wenn ich jetzt einmal nach rechts schaue, meine Damen und Herren: Wer steht denn dort in der Mitte? Ach, was wollen Sie denn immer mit Ihrem Mittelstand. Der steht doch auch in der Mitte. Und wenn Sie unsere Steuerreform betrachten: genau in der Mitte. Sie hat doch wirklich nichts zu tun mit denen, die kein Auto haben und wo die Kinder keine Reitstunden haben und wo die Wohnungen so eng sind, dass der Hund vor die Tür muss, wenn der Hausherr rein will. Da stand er vorher, und wo steht er jetzt?

Richtig! In der Mitte!

Denn er kriegt jetzt eine Steuerentlastung dadurch, dass er ein paar Pfennige mehr für das Benzin zahlen muss, aber das kommt doch durch eine Steuerumverlastung von seiner linken Tasche in seine rechte Tasche wieder rein, prallt aber am Tascheneingang zusammen mit dem Strom- und Wassergeld, das raus muss, weil es eine vorausgesagte sichere Mindestlücke im Bundessack entlastifizieren muss, damit der Obersack … also Verzeihung, das Säckel des Oberstandmannes, der auch in der Mitte steht und links und rechts Arbeitskräfte entlassen würde, damit also der Obersack nicht die Benzinpreiserhöhungspfennige des Untersacks, des Unterstandmannes, bezahlen muss, damit die lohnneutrale Nettomindestverschuldung, die genau in der Mitte liegt, nicht den Mittelstand nach Amerika verscheucht, wo der Teufel *den* Pfeffer wachsen lässt, der dort blüht, wohin ihn der Lower Stand wünscht, was aber nicht wünschenswert wäre, weil die Rentenbeitragserhöhung zu 60 Prozent von dem Mittelstand geschultert wird, wodurch kein Licht mehr am Ende des Tunnels subventioniert werden kann, wenn die Atomenergie das Licht ausmachen muss, und es wird dann ganz dunkel überall in den Köpfen. Der 630-Mark-Job-Mann wäscht heimlich die elf Autos des Oberklassenkonzernherrn, wofür er aber eine verminderte Steuerentlastungseigenbeteiligung auf Bruttobasis vergütet bekommt, und wenn er krank wird, lacht sich die Krankenkasse ins Fäustchen, die der Rentner voll in die Fresse kriegt, wofür er aber einen Schmerzentlastungsfreibetrag auf erhöhter Nettogrundlage, die durch das angehobene Kindergeld, das aber gekoppelt ist mit einer einkommensneutralen Taschensteuer, die

auf schwäbische Maultaschen und von Taschendieben erhoben wird und einer Straßenbenutzungsgebühr für Straßendamen und... bekommt!

Sie sehen: Der Rentner bekommt etwas! Und wir treffen ihn, und zwar in der Mitte!

Ergo: Der Haushalt schreibt weiße Zahlen –
der Bürger sieht rot – der Rest arbeitet schwarz!

BEAUTY-SHOTS

Die Feuerwehr ist da.

Die beiden Idioten Nefzella und Roggenstroh waren schuld. Sie haben eben im Schlafzimmer gekocht. Irgendetwas flambiert, jedenfalls was angezündet. So sagen sie.

Wir verstehen nicht, wie es passieren konnte.

Jedenfalls kam die Feuerwehr. Ein Mordsspektakel für die Fernsehleute. Ein ganz junges Fernsehteam ist mit großem Tamtam angerückt. Ein Tonmann hat gesagt, sie wären eine Eingreiftruppe. Wahrscheinlich waren sie im Kosovo und haben Serben gejagt. Alle in »coolen Klamotten«. Und mit diesem »WaswillstdenndunochAlter-Blick«. Was sie in der Hand haben und nicht mehr brauchen, lassen sie fallen. Wenn sie pinkeln müssen, lassen sie da, wo sie gerade stehen, die Hosentür aufgehen.

Erinnert mich an diese »Hot Nights« auf großen Plätzen mit Bands, die »Fuck me Babe« heißen oder »Shit-Walkers«, die als Jugend-Service von den Städten und Dörfern und als Einnahmequelle bei Kleinhändlern und Bierverkäufern besonders beliebt sind.

Am nächsten Morgen ist der Platz, euphemistisch »Anlage«

genannt, total zugeschissen, in den Sträuchern hängen die Kondome, und zehn LKWs schaffen es nicht, die leeren Becher und Flaschen wegzuschaffen. Die Wege sind nicht mehr betretbar, weil sie übersät sind mit zerbrochenen Flaschen, und über dem gesamten Platz hängt eine Wolke von Bierdunst und Kloake.

Am Tag darauf stehen die Schilder wieder da, auf denen die Hundebesitzer angewiesen werden, ihre wilden Hunde an die Leine zu nehmen, damit sie die »Anlage« nicht verunreinigen. Solche Kommunalverwaltungen haben manchmal vertrackte Mehrheiten, bei denen leicht unterbemittelte Denkvorrichtungen in den Köpfen – man muss das so sagen, weil ich gerade einen besonders begabten Fernsehreporter anlässlich eines Grandslamturniers nach einem Doppelfehler einer Spielerin sagen hörte: »Da darf sie jetzt nicht mehr dran denken... auch nicht im Kopf« – die Kommunenmehrheiten in den Ruf bringen, ihre Tassen nicht mehr ordnungsgemäß in den Schränken zu verwahren. Die Gemeinde Unterhaching, bekannt durch ihren leider abgestiegenen Bundesligaverein, ließ von einer Dame in der *Süddeutschen Zeitung* die Behauptung schreiben, es handle sich bei dem vorhin erwähnten Platz um das »Größte Hundeklo Deutschlands!«.

Da hatten sie die Scheiße der letzten Hot Night noch gar nicht richtig weggeräumt.

Merkwürdig kommt uns vor, dass diese TV-Ledernacken, dass diese coolen Aufschneidertypen zur selben Zeit da waren wie die Feuerwehr. Und die wartete mit dem Löschen, bis die »Location ready for shot« war... »Ja«, schrie einer, und dann hat die Feuerwehr den Schlauch ins Schlafzimmer gehalten.

Plötzlich schrie der Supervisor: »Stop action!«

Hat die Feuerwehr geschrien: »Wasser haalt!«

Der Supervisor hat einen side step zum infodesk gemacht und gerufen: »Kamera 2 für die postproduction mit beauty-shots!«

Auf die Idee, dem Feuer zuzurufen: »Fire stop!«, ist keiner gekommen.

Während der ganzen Zeit war Carmen Pietsch nicht zu sehen. Später erfuhr ich, dass sie die Szene moderiert hat. Sie saß im Ü-Wagen.

Der Brand fand zufällig in der prime time statt, wo gute ratings ein must sind, sagte sie später in einem floor speach, und von guten pick-ups, glänzenden special effects sprach sie. Der alte Kameramann, der dabeistand, meinte, es wäre schon ein Wunder, dass man in dieser Sekunde eine steady cam zur Verfügung hatte. Es war wie auf dem »Set«, meinte er. Er sagte, man habe wahrscheinlich den Brand ein bisschen ziehen müssen, damit er in die nächste Sendung hineinbrennt. Aber der audience flow wäre okäh gewesen.

Das Schlafzimmer ist ausgebrannt.

Von Renate und mir hat man gerade ein close-up gemacht. Und ich bin ganz sicher, dass wir Zeuge eines reinrassigen Fakes gewesen sind.

Nefzella und Roggenstroh bekamen die Mitteilung, dass sie bereit zum Brandfall sein sollten, das Kamerateam und die Feuerwehr rückten gemeinsam aus. Zur Polizei zu gehen, hat keinen Sinn. Ich habe gerade den Supervisor mit zwei höheren Polizisten Champagner trinken sehen.

Renate und ich sind von Minute zu Minute ruhiger geworden. Nur als dann Nefzella und Roggenstroh mich beleidigt fragten, wo sie denn jetzt kochen sollten, wo doch die Küche durch uns besetzt sei, habe ich Bubi, dem Knüppel, den Mülleimer über den Kopf gestülpt.

NACHTBUCHEINTRAGUNG 22.15 UHR

Nefzella und Roggenstroh aus meinem Arbeitszimmer vertrieben. Wollten bei mir kochen.

Knüppel roch nach Müll. Mittags hatte es Fisch gegeben.

Habe den beiden Geld gegeben. Sollen zum Essen gehen.

Darf die Pietsch nicht wissen.

Kontoauszüge darf Renate nicht sehen.

Auf keinen Fall.

Bin auf das blöde Börsenspiel reingefallen.

Oder auf diese Jungcrew von Mattscheibenbörsianern.

Fachidioten alle.

Aber die Deutschen fallen drauf rein.

Ich auch.

Kann man das Geld gleich durch den Schornstein jagen.

So kriegen's die Bankräuber. Nicht die, die Banken ausrauben, nein, die Räuber in den Banken.

Genau zu dem Zeitpunkt, als alle Kurse rutschen, stellt sich der Herr Breuer von der größten Wegelagerer-Vereinigung, der Deutschen Bank, vor seine Aktionäre und trompetet:

»Höchster Gewinn seit Gründung der Bande.«

Bravo Breuer. Früher hätte man dich gehenkt.

Aber die TV-Analysten duzen die Banker vertraulich. Die Produzenten der Gewinne. Wie das? Kunststück. Lass das Wort »du« weg aus dem Wort Pro-du-zent.

Was bleibt übrig?

Das Sleep-in findet in Renates Zimmer statt. Es musste ein Bett beschafft werden. Der Aufnahmeleiter Eric, ein Belgier, ganz alte Schule, ein absoluter Spitzenmann, der schon ganze Serienproduktionen gerettet hat, zum Beispiel als er der spontanen Idee eines Moderators zufolge in einer Stunde ein ausgewachsenes Kamel ins Studio brachte, hatte er hervorragend gearbeitet. Das Kamel hatte er damals, dabei zwinkerte er heftig mit den Augen... auch ein Blödsinn, womit soll man sonst zwinkern... das Kamel hatte er von einer Autobahnraststätte, wo Urlauber ihre lästigen Haustiere aussetzen, das Bett stammte aus dem Film *Lass jucken, Kumpel!* Eric versteht sich glänzend mit Jo, unserem bayerischen Kameramann aus Berlin, der aus lauter Sympathie von Anfang an ein wunderbares Licht machte für Renate. Renate hatte seine Sympathie errungen, als sie beim Einrichten eines Tea-Time-Afternoons die langen Erklärungen von der Pietsch resolut unterbrach mit dem Satz: »Macht hin, macht hin, ick werd' ja immer älter!«

Jo lacht ungeniert und laut, wenn ihm danach ist. Ich habe Angst um ihn, denn er wirkt in dieser neuen Art von Fernsehen absolut deplatziert.

Jo hat dieses wunderbare Lispel-S der Berliner aus Köpenick, die alle von den ersten schlesischen Einwanderern aus Breslau abstammen. Das S hat er aber nur, wenn er berlinert. Interessant wird es, wenn er dreisprachig wird: bayerisch-berlinisch-schlesisch.

Sein Humor ist unterwerfungsimmun. Darum habe ich Angst, dass sie ihn eines Tages »aus Altersgründen« nach Hause schicken. Er ist 58.

Als nun vorhin die Pietsch fragte – das hätte sie nicht tun sollen –, was es denn für ein Film gewesen sei, dieser *Lass jucken, Kumpel!*, sagte Jo:

»Diss war, meine Jute, eener von die ersten Fickfilme.«

»Wie bitte?«

»Na ja, um mal über Inhalte zu reden, det sind die Inhalte von RTL 2 oder so.«

»Ich dachte, das hat etwas mit Kohle zu tun?«

»Det isset ja. Damit machen die wahnsinnig Kohle! Iss ja klar. Billijet Bühnenbild – zwee Personen, und wat die reden, wird nachher im Synchronstudio nachjestöhnt.«

Renate mischt sich ein: »Stimmt. Habe ich oft gemacht. Man steht nebeneinander am Mikrophon, sieht sich nicht an, man kuckt gelangweilt aufs Bild, man weiß, was die machen, und stöhnt: Oh-Oh-Oh-Ohja-Ohja-Ohja. Man wird dafür mäßig bezahlt, es strengt nicht sonderlich an, man fragt sich nur, nach welchem Tarif die bezahlt werden, die es treiben.«

Jo weiß es, denn er hat ein paar von diesen Dingern gedreht: »Knochenarbeit. Kann jar nich bessahlt werden. Mann, wenn ick die Weiber sehe, die da liegen, fällt mir det Ding doch um!« Und dabei wirkt er so ehrlich empört, dass wir lachen und ihm den Vorwurf der Frauenfeindlichkeit ersparen.

Carmen sieht das anders. Typisch, meint sie, und verweist auf das Sexualobjekt Frau.

Und Jo: »Ach, und der Mann nich, oder wat?«

Wir haben alle vergessen, dass unsere Zeit inzwischen gekommen ist, das Signal ertönt: »Werbung in drei Sekunden zu Ende!«

Und Jo, erbost, ruft noch in die Runde: »Wie hat der Chef von diesem Kurznachrichtenblatt, dieser Markwort, jesacht, wat er will? Faken, faken, faken!«

Eric: »Pssst!«

Carmen Pietsch im On:

»Muttertag. Meine lieben Zuschauerinnen und Zuschauer.

Heute am Muttertag möchten unsere Insassen, Verzeihung, unsere Bewohner, ein kleines Bild ihrer Mütter zeichnen, was der Besinnlichkeit eines Sleep-in sicherlich Genüge tut. Renate bitte.«

Die hat Schwierigkeiten, das vorangegangene Gespräch zu vergessen. Sie fängt sich aber und spricht in die Kamera. Gelassen, souverän.

Nicht, dass ich auf diese Frau stolz wäre, ich bin nur stolz, dass sie mich genommen hat.

Renate: »Meine Mutter war eine Kriegsmutter. Das heißt, eine nicht immer anwesende Mutter. Eine Künstlerin, Sängerin, Pianistin, und ich war stolz auf sie. Sie war schön und souverän. Mein Vater war vermisst. Sehr früh schon. Als die Stadt, in der wir wohnten, langsam, aber sicher durch die täglichen Bombenangriffe in Schutt und Asche fiel, brachte man uns nach Schlesien. Meine Mutter ging von dort aus zu einer Fronttheatertournee. Schweren Herzens, denn sie musste mich, die ich gerade mal über den Tisch gucken konnte, bei völlig fremden Menschen zurücklassen. Später hat sie mir einmal den Ausdruck meiner Augen beschrieben, als wir Abschied nahmen. ›In deinen Augen stand die Gewissheit, dass du mich nie wiedersehen wirst.‹

Und wirklich, es war ein Bauernhof, auf dem ich mit am Tisch sitzen durfte, und es war so einsam dort, dass ich fest davon überzeugt war, meine Mutter würde mich nie wiederfinden. Sie fand mich. Verließ mich wieder, kam zurück, und dann waren wir plötzlich zu dritt. Ich hatte ein Brüderchen. Schlesische Dorfbewohner sind in keiner Weise großzügiger im Denken als solche in Höllriegelskreuth oder Hövelsbroek. Meine Mutter ertrug es mit Würde.

Währenddessen bestätigten sich Gerüchte, wonach es sich bei den fortwährenden ›Frontbegradigungen‹ um Frontauflösungen handelte.

Am 8. Mai 1945 läuteten die Glocken. Ich werde den Anblick

nicht vergessen: Auf einer blühenden Wiese tanzten Kinder und jubelten: ›Der Krieg ist aus! Der Krieg ist aus! Der Krieg ist aus!‹

Dann kamen die russischen Soldaten. Meine Mutter sprach später nur selten darüber. Nach ein paar Tagen beschloss sie, bei Nacht und Nebel das Dorf zu verlassen. Mit mir und meinem sechs Monate alten Bruder und ein paar Habseligkeiten, alles zusammen in einem kleinen Leiterwagen, erreichte sie nach einem abenteuerlichen Fußmarsch die Stadt Reichenberg. Dort hatten die Tschechen die Macht übernommen und trieben uns wieder hinaus aus der Stadt. Sie waren nicht sehr freundlich zu uns. Begreiflich. Sie hatten unsere tödlichen Freundlichkeiten auch nicht vergessen. Also entschloss sich meine Mutter: ›Wie es uns hier ergeht, so viel schlimmer wird es uns bei denen in unserem schlesischen Dorf auch nicht ergehen‹, und wir gingen zurück. Dort hatten inzwischen Polen den Ort übernommen. Nach ein paar furchtbaren Tagen, in denen meine Mutter uns Kinder verteidigte wie eine Löwin, gegen Soldaten, Hunger, Kälte, Hass, beschloss sie, in die andere Richtung zu entkommen. Wir flohen nach Norden. Sie hat es geschafft. Über Cottbus nach Berlin. Alles in Berlin war größer: das Elend, der Hunger, die Angst, aber auch die Hoffnung.

Wie meine Mutter uns dort groß gekriegt hat, ich weiß es nicht. Wir haben es überlebt. Ich danke ihr.

Einen Muttertag brauche ich nicht.«

Es kann sein, dass ich bei Jo eine Träne entdeckt habe. Eric hat ein wenig geschnieft, und der Tonmann hat sich geräuspert.

Meine Muttergeschichte war natürlich ähnlich, nur hatte ich sie nicht miterlebt, weil ich schon ein, wenn auch sehr junger Soldat war. Wir hatten es, wenn man von feindlichem Beschuss einmal absieht, leichter, denn wir hatten nur die Verantwortung für uns allein. Meine Mutter, mit einem Treck unterwegs, hatte meinen dreijährigen Bruder auf dem Pferdewagen und fuhr ein paar Wochen lang durch Böhmen nach Bayern. Dort begann ein völlig neues Leben. Meine Mutter fing mindestens viermal ein neues Leben an. Bei null beginnend.

Sie hatte noch den Kaiser Wilhelm mit der Kutsche durch das Städtchen fahren sehen und sah auch Helmut Kohl, als er die Hand zum Schwur erhob, um die Spenden abzuweisen. Als ich sie fragte, wie bei ihr der Vergleich ausfiele, sagte sie: »Ach, weißt du, man kann sie nicht vergleichen. Der Unterschied ist höchstens der: Der eine hatte eine schwere Geburt, der andere eine späte.« Sie war listig.

»Wir feierten jedes Jahr am ersten Weihnachtsfeiertag gemeinsam mit der ganzen Sippe. Mutter saß immer in der Mitte postiert und schaute mild in die Runde. Wir waren so um die 17 Personen herum, und sie behauptete in jedem Jahr, dass sie nun bald sterben würde, und sie hätte das Erbe präzise geregelt, wir sollten uns da keine Sorgen machen. Das tat auch keiner, und sie wusste genau, dass sie uns damit nervte, aber es war wie ein Ritual. Wir wussten, wenn sie um das Wort bat, was nun geschehen würde. Man schaute sich an, brach das Gespräch ab, und so ging es zehn Jahre lang.

Es war wieder einmal so weit, sie bat um das Wort. Alle machten: ›Psssst!‹ Und sie begann wie immer: ›Also, Kinder, ihr wisst es seit Jahren, dass ich bald sterben werde. Ich bin jetzt 96, und ich werde euch sagen: Ich habe heute Nacht geträumt, dass ich gestorben bin und stand vor meinem eigenen Grab.‹

Und ich sagte verblüfft: ›Mutter, das ist neu. Das hast du dir ausgedacht.‹

Und sie sagte: ›Nein, glaubt es mir, ich stand vor meinem Grab!‹

Und jemand fragte: ›Wieso wusstest du, dass es dein Grab war?‹

Und sie sagte: ›Weil mein Name drauf stand.‹

›Was?‹, fragte Renate. ›Und das Todesdatum stand auch drauf?‹

Und meine Mutter sagte fröhlich: ›Ja.‹

›Und äh . . .‹, fragte jemand gespannt, ›welches Datum war das?‹

Und da sagte meine Mutter:

›Das konnte ich nicht erkennen, ich hatte meine Brille nicht dabei.‹

Am nächsten Tag um die Mittagszeit ist sie gestorben«, sagte ich.

Es war still nach der Geschichte.

Renate schaute mich an.

Es flog ein Engel durch den Raum.

Vielleicht war es meine Mutter. Vielleicht war sie es nicht. Aber wenn sie es gewesen ist, hat sie wahrscheinlich heruntergeflüstert:

»Junge, was du immer für Geschichten erzählst.«

RELAUNCH

Um sieben rüttelt jemand an der Tür. Was ist los? Haben wir jetzt auch noch eine Wake-up-Show am Hals? Kommt nicht in Frage. In unserem Vertrag steht, dass wir morgens unsere Schreibzeit in der Küche ungestört verbringen dürfen, um die Serien voranzutreiben. Ich öffne die Tür. Vor mir steht eine ungnädige Pietsch, und ich sage wütend: »Wir haben im Vertrag . . . «

Sie unterbricht mich kühl: »Lesen Sie ihn noch einmal durch. Da steht, dass Sie Ihre Türe nicht abschließen dürfen.«

Das hatte ich wirklich übersehen. Vor Wut sehe ich sie doppelt. Sie dreht lächelnd ab. Wir stürmen nach oben.

Es wird laut um das Haus herum. Ist die Feuerwehr wieder

da? Nein, es ist das forsche Kamerateam von gestern. Was wollen sie? Wir schauen hinunter. Vor dem Haus stehen mindestens vier Lastwagen, sieben PKWs, und es wimmelt von Menschen, die alle auf die Fenster des verbrannten Schlafzimmers blicken. Die TV-Leute befestigen gerade eine Kamera auf einem riesigen Kran, eine Crane-cam.

Wieso stehen dahinter vier große Feuerwehrautos? Zwei Männer stehen vor einer Floor cam, also einer Kamera, die am Boden steht. Interview? Sieht so aus. Der eine zeigt dabei auf unser Schlafzimmer, und jetzt ertönt ein Pfiff, und mindestens zwanzig Feuerwehrmänner entwickeln eine dynamisch aussehende Tätigkeit und stürmen mit den dicken Schläuchen auf das Haus zu. Das Kommando kommt: Wasser marsch!! Die spritzen in unser Haus rein! Brennt's denn?

Wir rasen hinunter und fragen den Mann, der so aussieht, als wäre er was: »Wo brennt's denn?«

Der dreht sich gelangweilt halb zu uns um und sagt: »Relaunch.«

Das war's. Eine überarbeitete Sendung mit neuen Elementen.

Sie drehen den Brand noch mal, es brennt gar nicht. Die Flammen werden reinkopiert.

Hoffentlich kommt im Relaunch keiner um! Einer, der als »neues Element« im Schlafzimmer verbrennt, und hinter dem Haus gibt die Pietsch gerade ein Interview und behauptet, das wäre ein in der Besenkammer versteckter Geliebter von Renate... In dem Moment sehe ich, wie die Pietsch hinter dem Haus verschwindet.

Renate ist wieder ins Haus gegangen. Sie sagt, ihr wäre schlecht. Ich rase hinauf und rufe. Sie ist im Badezimmer, sie öffnet.

Gerade will ich ihr meine Vermutung mitteilen, da taucht dicht vor dem Fenster eine Kamera auf. Es ist die Crane-cam.

Ich reiße Renate vom Fenster zurück.

Und ich kann nur noch atemlos sagen: »Dein Geliebter wird da drin verbrennen, und das steht morgen in allen Zeitungen! Das nennt man off air promotion.«

Die Tür wird aufgerissen, Roggenstroh platzt herein ins Bad. Renate schreit ihn an: »Können Sie nicht anklopfen?«

Roggenstroh antwortet: »Kann schon, ich muss aber nicht.« Er teilt uns mit, dass wir ins ausgebrannte Schlafzimmer kommen sollen. Er sagt nicht bitte, und er sagt *sollen*!

Im ehemaligen Schlafzimmer ist kein Stehplatz mehr zu bekommen. Wie sich herausstellt, handelt es sich um die zwei fest angestellten Bühnenbildner von ORA-TV, zwei freie Architekten, einen Innenausstattungsberater, sieben Handwerker, hinter ihnen zwei Kameramänner mit den dazu gehörenden Assistenten, dem TV-Regisseur sowie einem Beobachter der HÖWEI.

Es wird über das neue Schlafzimmer heftig diskutiert. An uns wird keine Frage gerichtet.

Die Handwerker werden darüber informiert, was sie zu tun haben. Es stellt sich heraus, dass es Schauspieler sind. Ihre Rückfragen sind so, dass man gezwungen ist, sie für Anfänger zu halten. Wahrscheinlich Stars aus irgendwelchen anderen Serien.

Nach einer Stunde ist der Spuk verflogen. Der Letzte, der den Brandplatz verlässt, ist ein Aufnahmeleiter, und ich komme gerade noch dazu, ihn zu fragen, wann die Renovierung fertig sein würde.

Und er fragt: »Fertig, wieso fertig?«

Und ich: »Na gut, wann fangt ihr an?«

Da lacht er und sagt: »Ach, du glaubst, das wird alles gemacht? Mann, Opa, das ham wa doch bloß *gedreht*!«

Endlich sitzen wir uns wieder mal in der Küche gegenüber. An zwei Schreibmaschinen. In unserem Vertrag steht, dass wir mehrere Serienvorschläge auszuarbeiten haben, die wir, wenn wir so weit sind, als Exposés vor der Kamera vortragen, woraufhin das Publikum Punkte austeilen wird über den Ted, über Telefon oder Internet. Das wird noch entschieden. Noch haben wir Zeit, uns gegenseitig zu helfen.

Renate möchte als Handlungsort ihrer Serie ein skandalös geführtes Altenheim, was natürlich überhaupt keine Chancen hat, eine Quote zu erzielen. Sage ich ihr, aber sie sagt, dass sie gar keinen Riesenerfolg damit erzielen will. Sie möchte die Möglichkeit ausnutzen, das Thema wenigstens einmal auf den Punkt zu bringen.

»Diese reiche Republik mit nahezu einer Million von Millionären, die sich ein Leben ohne Hubschrauber im Garten gar nicht mehr vorstellen können, schafft es nicht, dass ihre alten Menschen ihr Leben in Würde beschließen können.«

»Renate, das ist eine Republik, die nach den Gesetzen der freien Marktwirtschaft lebt. Es ist erlaubt, dass einem das Leben von fremden alten Menschen egal ist. Die Würde ist nur im Grundgesetz verankert, aber es handelt sich um die eigene. Niemand ist verpflichtet, für die Würde von anderen Menschen zu bezahlen.«

»Die Zahl der kranken, pflegebedürftigen Menschen steigt. Die Zahl der Pfleger sinkt, das Geld für die Pflege wird knapper, also wird die Zeit für die Pflege kürzer, aber die Lebensdauer wird länger.«

Renate wird wütend, denn sie weiß schon, warum ich so rede. Ich will ihr das Thema ausreden. Es hat keine Chance in einem

Privatsender. Da sind die Darsteller alle knackig vollbackig, fahren Cabrios und sehen allesamt so aus wie die Herren auf den Reklametafeln in den Friseursalons. Sie segeln, surfen, reden dummes Zeug und langweilen einen zu Tode.

Und ich sage: »Renate, stell dir vor, wenn da plötzlich von Inkontinenz die Rede ist.«

»Weiß ich doch: Wenn ein alter Mensch eine Windel braucht. Ja, und das heißt heutzutage Inkontinenz.«

»Es klingt einfach besser, wenn das Thema besprochen werden muss. Oder soll man sagen: Das ist ein auslaufendes Modell?«

»Du bist ein Arschloch.«

»Das kommt hinzu. Renate, das will keiner sehen!«

»Es läuft also darauf hinaus: Wir können uns die alten Menschen auf Dauer nicht mehr leisten.«

»Ja. Genau das.«

»Ja, und wer übernimmt es dann, sie umzubringen?«

»Die Altenheime.«

»Dann sind also die dort herrschenden Zustände staatlich geschützt.«

»Limitiert, sagen wir mal. Hin und wieder kommt eine Gesundheitsministerin und findet alles in Ordnung.«

»Nachdem sie sich vorher angemeldet hat.«

»Na ja, sie beauftragt die berühmte undichte Stelle, die es in jedem Ministerium gibt, es durchklingen zu lassen.«

»Damit sie sich nicht so gruseln muss.«

»Vermutlich.«

»Dann ist der alte Mensch also Freiwild in diesem mächtigen Wirtschaftsstandort Deutschland.«

»Kann man so auch nicht sagen, denn Wild wird geschossen und nicht gequält.«

»Ich will diese Serie schreiben, damit die Menschen diese Zustände abstellen.«

»Das tun sie nicht. Sie stellen den Apparat ab.«

»Fazit: Die Würde des Menschen ist zu teuer.«

BESUCH IM KÄFIG

Gegen Mittag werden wir heftig gestört durch Dr. Gesell.

Dr. Gesell ist der Käfigarzt, der für unser Überleben verantwortlich ist. Er kommt unverhofft, und seine Visite soll gesendet werden.

Wir sind dagegen.

Wir meinen, es geht die Leute vor den Mattscheiben nichts an, was wir für gesundheitliche Mängel haben.

Gerade das, beharrt die HÖWEI, würde die Menschen interessieren, die ja zu Hause in ähnlichen Käfigen leben und zunehmend an Familien-Hospitalitis leiden. Wir sollten ihnen ein Beispiel geben, wie man tapfer die Gebrechen bekämpft, wie man einen Konsens findet, wie man der Liebe im Alter eine Chance erkämpft.

Mit einer so gewaltigen, wichtigen Aufgabe betraut, mussten wir natürlich doch zustimmen.

Als Dr. Gesell das erste Mal unser Wohnzimmer betrat, wussten wir, dass das eine sehr komplizierte Konsultation werden würde. Für ihn.

Dr. Gesell muss aus einer Zeit stammen, als man diese älteren Männlein noch Medizinalrat nannte. Er hat einen Mäusekopf, links und rechts zwei weiße Resthaarbüschel, auf der zu kleinen Mäusenase eine viel zu große Brille, zwei riesige Mäuseohren und das alles auf einem Körper, der, zart und gebrechlich, seinem Kopf nie hinterherkommen wollte.

Es gibt wahrscheinlich keinen Schauspieler, der diesen Dr. Gesell spielen könnte. Er passt allenfalls in ein Stück von Goldoni, inszeniert von einem Regisseur eines vergangenen Jahrhunderts.

Er musste schon nachdenken, als er seinen Namen sagen wollte. Wenn er uns eine Frage zu unserem Gesundheitszustand stellte, war er regelmäßig über unsere Antwort überrascht. Weil er seine Frage schon vergessen hatte.

Seine Stimme klang hundertjährig.

Dabei hatte sie ein furchtbares Tremolo.

Mehrere Male stand Dr. Gesell unmotiviert auf und umrundete mit Trippelschrittchen den Tisch.

Jo an der Kamera prustete hörbar.

Besonders, als Dr. Gesell uns fragte: »Wie steht es denn mit Ihrem Gedächtnis?«

Renate sagte: »Nicht gut. Ich möchte fast sagen bedenklich.«

Und Gesell: »Wie bitte?«

»Sie fragten uns doch nach unserem Gedächtnis.«

Und er: »Ach ja?«

Und kurz danach: »Wie war doch gleich der Name?«

»Unserer?«

»Nein, meiner.«

Plötzlich holte er aus seiner Aktentasche drei kleine Spielzeugautos und begann damit zu spielen. Dazu stieß er kleine spitze Lacher aus. Dann packte er sie wieder ein, sah uns an und fragte: »Warum sagen Sie nichts?« Und ich fragte zurück: »Was sollen wir sagen?«

Und er: »Was habe ich denn gefragt?«

Damit stand er abrupt auf und verließ den Raum.

Und da wusste ich auf einmal, wer uns besucht hatte: Es war Mathias Richling. Der Kabarettist und Parodist, der notorisch überall Verwirrung stiftet.

Kurze Zeit später erschien Dr. Gesell. Er war ein mitteljunger sympathischer Mann, der uns bestätigte, dass wir noch relativ bei Trost sind. Eine kurze Zeit lang hatten wir daran gezweifelt.

TASCHENGELD

Wir bekommen jeden Monat Taschengeld. Wenn wir dafür etwas kaufen wollen, schicken wir Nefzella oder Roggenstroh in die Stadt. Und weil wir von Dr. Gesell (dem richtigen) gefragt wurden, wie es mit unserem Gedächtnis steht, hatte ich geantwortet:

»Manchmal beginne ich mein Gedächtnis zu hassen, was es alles nicht mehr leistet. Wenn ich in der Absicht nach oben gehe, mir Schuhe anzuziehen, um damit in den Garten zu gehen und den Rasen zu mähen, stehe ich oben und stelle mir die Frage, was ich denn jetzt oben wolle, gehe wieder hinunter, sehe eine Zeitung, vertiefe mich in sie, vergesse den Rasen, und Renate fragt: ›Ist er zu nass?‹

›Wer?‹

›Der Rasen.‹

Und ich denke: ›Richtig! Schuhe!‹«

Klingt schon etwas senil. Aber auf der anderen Seite habe ich in Dingen unserer res publica, unserer öffentlichen Sache, ein nahezu nachtragendes Gedächtnis.

Und bei dem Wort Taschengeld funktioniert es besonders gut.

Und eine gewisse Schadenfreude kommt auf, wenn ich daran denke, dass es viel jüngere Menschen gibt, die bereits unter diesem bedenklichen Schwund leiden.

Ich denke an den bemerkenswerten Fall Schäuble.

Bis zu jenem Zeitpunkt, an den ich jetzt denke, funktionierte sein Gedächtnis blendend, ja es wurde sogar in Kreisen seiner, aber nicht nur seiner Partei bewundert. Der Mann konnte Zahlen, Namen, Gesetze, Zitate aus dem Schlaf hersagen! Und mit Recht hatte er den Vorsitz der CDU inne.

Seine Kanzlerkandidatur war nur eine Frage des dafür zu wählenden Termins, und niemand hätte nur den Hauch eines Zweifels gehabt, dass er auch zum Kanzler gewählt worden wäre. Bis zu diesem Tage, als er, aus welchen Gründen auch immer, sein Gedächtnis total verlor.

Ein kleiner mieser Waffenhändler, der seine beste Zeit zu Lebzeiten von F. J. Strauß gehabt hatte, ein notorischer Steuerhinterzieher und Anwanzer, den man nur mit der Kneifzange ins Gefängnis setzen würde, war der Anlass für die absolute und abrupte Amnesie des Schäuble. Schreiber hieß der Anlass, aber auch die Tatsache, dass es den Verdacht gab, in Schäubles Büro wären 100 000 Mark von diesem Herrn als Parteispende notgelandet.

Ein Taschengeld, wenn man an die zweistelligen Millionenbeträge der Parteikollegen denkt!

Genau über dieses Taschengeld, das aber in einem Koffer, wie seit langem üblich, transportiert worden sein soll, ist der völlig bewusstlose Schäuble gefallen.

Schäuble hat, in der Gefolgschaft von Strauß, den Schreiber kennen gelernt, so behaupten einige Journalisten, die als nicht ganz unglaubwürdig gelten.

In meiner Vorstellung spielte sich die Pressebefragung ungefähr so ab:

Schäuble: Schreiber? Nie gesehen. *Wie* hieß er?
Presse: Schreiber.
Schäuble: Nie gehört. (Er dachte noch einmal sichtbar nach.)

Schäuble: Flüchtig, doch, ja.

Presse: Bevor der Schreiber flüchtig war? (Schreiber hatte sich dem polizeilichen Zugriff nach Kanada entzogen.)

Schäuble: Jaja, aber nicht gewusst, wer das ist.

Presse: Aha. Dann hat man Ihnen doch gesagt: Das war der Herr Schreiber aus Bayern. Der die Panzerfabrik will für Kanada.

Schäuble: Vielleicht hat man so was gesagt, aber ich habe es überhört.

Presse: Weil Sie ihn ja gar nicht kannten.

Schäuble: Richtig. Am nächsten Tag stand er plötzlich in meinem Büro.

Presse: Obwohl ihn keiner kannte? Wie kommt ein solcher Mann so einfach in Ihr Büro? Wer hat ihn denn reingelassen?

Schäuble: Keine Ahnung. Wahrscheinlich Leute, die ihn auch nicht kannten.

Presse: Wie bitte?

Schäuble: Na ja, wenn sie ihn gekannt hätten, würden sie ihn doch nicht reingelassen haben.

Presse: Und der Mann, den keiner kannte, hat Ihnen Geld mitgebracht?

Schäuble: Weiß ich nicht mehr.

Presse: Wie viel Geld war das?

Schäuble: Geld? Welches Geld?

Presse: Wo war denn das Geld drin? Im Koffer?

Schäuble: Keine Ahnung. Vielleicht auch im Kuvert.

Presse: Vielleicht war das Kuvert im Koffer?

Schäuble: Ja, oder umgekehrt.

Presse: Also wie viel?

Schäuble: Keine Ahnung. Ich habe nicht nachgezählt.

Presse: Aber Sie haben es eingesteckt.

Schäuble: Ich habe die 100 000 Mark unverzüglich unserer Schatzmeisterin übergeben!

Presse: Frau Baumeister.

Schäuble: Ach, hieß sie so?

Presse: Und wo befinden sie sich jetzt? Die 100 000?

Schäuble: Keine Ahnung. Vielleicht auf dem Wege der Besserung?

Presse: Und diesen Fehler bereuen Sie jetzt?

Schäuble: Ich weiß nicht, wovon Sie sprechen? Welchen Fehler?

Zum Schluss hat man Schäuble noch gesagt, dass er Mitglied der CDU ist.

Hat ihn sehr überrascht.

JUSTITIA NON OLET

Für die Teebeutelstunde hat Carmen Pietsch auszurichten, es wäre nun genug mit Schwarzgeldgeschichten und man könne nicht immer auf den gleichen Sachen herumhacken.

Ich habe ihr gesagt, dass es nicht an mir liegt, wenn die Sau, die man durchs Dorf und aus dem Dorf raustreibt, immer wieder von der anderen Seite reinkommt. Die ganze Sache mit Leuna hätten wir längst zu den Akten gelegt. Wenn sie da wären. Die Akten.

Sie sind weg.

Und ich frage mich: Wie können Akten in einem Lande verschwinden, das Akten stets heiliger gehalten hat als die Grundwerte!

Erst verschwindet ein Staatssekretär namens Pfahls, der den ganzen Leuna-Teig mit dem Herrn Holzer eingerührt hat, danach die Akten. Es ist kaum anzunehmen, dass der Herr Pfahls in den Reißwolf geraten ist. Wenn es auch Kreise gibt, die ihn dort mit Vergnügen vermuten würden.

In kleine Streifen geschnitten.

So wie die Akten.

Die offenbar mühelos entkommen sind.

Wie haben sie das bloß geschafft? Man sagt ja: laufende Akten. Weggelaufen sind sie. Und jetzt haben sie einen nicht aufzuholenden Vorsprung. Darum war es müßig, den Beamten einzuschärfen, dass sie ein Auge darauf haben sollen. Ein Auge genügt hierzulande nicht. Man muss sich darauf setzen.

Den Staatsanwälten ans Herz zu legen, dass sie ihrer Pflicht nachkommen? Vergebens.

Wobei in dem Wort »nachkommen« schon eine gewisse Resignation mitschwingt.

Erstaunlich ist, dass Staatsanwälte bei vermuteten Delikten, die das Ausmaß eines Kaufhausdiebstahls erreichen, blitzartig, ja nahezu überfallartig zugreifen, während sie bei Herrn Dieter Holzer, der eine gigantische Schmiergeldwaschanlage in Europa aufgebaut hat, keinen Grund für eine Ermittlung sehen.

In Frankreich war man kurz davor, ihn zu fassen. Er hätte also wegen des dringenden Verdachts, in Deutschland kriminell tätig gewesen zu sein, in Frankreich eingesessen.

Er ist entwischt. Wohin? Nach Deutschland.

Dort sitzt er jetzt und reibt sich die Hände. Was bei ihm schwierig ist, weil da immer mindestens eine Million dazwischen ist.

Dauernd kommt ein lästiger Generalstaatsanwalt aus Genf daher, und sagt den deutschen Kollegen: »Freunde, wollt ihr nicht endlich ermitteln? Ich habe die Unterlagen.«

Kein Bedarf, heißt es auf deutscher Seite.

Sie denken sich was, oder sie decken was.

Man hat mächtigen Deckungsbedarf. Bohl deckt Kohl – Kohl deckt den BND – der BND deckt Pfahls – der deckt Holzer, und die deutschen Staatsanwälte warten, bis die Hauptdarsteller der Rasen deckt. Das hätte man bis zur endlichen Verjährung bequem verschleppen können, aber da kam die Gefahr, die möglicherweise in den Stasi-Akten schlummert!

Und das sind stehende Akten. Die stehen rum in der Gauck-Behörde. Und das Unterlagengesetz, das im Bundestag verabschiedet worden ist, erlaubt ausdrücklich, dass diese Akten geöffnet werden dürfen. Das Berliner Verwaltungsgericht hatte entschieden, es müsse erlaubt sein, sie zu öffnen.

Dasselbe Gericht hat nun wieder entschieden, dass die »Opfer« der Leuna-Affäre – man hat die Tatverdächtigen listigerweise zu Opfern erklärt – zunächst einmal Recht bekommen, wenn sie die Öffnung ihrer Akten verbieten.

Ein großes Aufatmen geht durch die ganze kriminelle Szene. Otto Schily ist auch erleichtert. Seine Geheimdienstler ebenfalls. Man hat zwar ein Gesetz verabschiedet, aber im Ernstfall tritt es nicht in Kraft. Bei dem Wort »verabschiedet« hatte ich in diesem Zusammenhang immer schon Bedenken.

Es wurde also verhindert, dass man in den Akten, die da sind, das lesen könnte, was in den Akten stand, die weg sind.

Das ist keine Affäre. Das ist ein Skandal. Ein Justizskandal.

Die Justiz beugt sich der normativen Kraft des Faktischen. Immer wieder einmal.

Deutsche Richter haben immer schon Spuren in der Geschichte hinterlassen. Kriechspuren.

Sie kriechen gern dort hinein, wo sie sich sicher fühlen.

In den großen Staatshintern, wo sie gern überwintern.

Schon morgens steht ein deutscher Richter auf.

»Her das Gesetz! Ich scheiße drauf.«

TEA-TALK

Eric gibt das Zeichen. Gottschalk hat seine Gummibärchen zu Ende verzehrt. Wir sind dran. Renate setzt ihr scheinheiligstes Gesicht auf und zwitschert:

»Wir reden ungern über Geld. Man konnte allerdings neulich bei Günther Jauch mit Geld Geld verdienen, und darüber kann man auch getrost reden. Gefragt war für 1000 Mark: Wie nennt man Geld zu Fuß mit fortlaufender Tendenz? Die Antwort lautete: Fersengeld. Haha und noch einmal haha.

Und es ist ein sauberes Geld. Im Gegensatz zu unsauberem, das erst gewaschen werden muss. Würde man ein schmutziges Geld dem Fiskus übergeben, würde man es damit automatisch waschen. Man kann sogar sagen, dass der Fiskus ein Waschautomat für Gelder aller Art ist. Sogar für sauberes. Schießt solches Geld allerdings haarscharf am Steueramt vorbei, wofür es manchmal gar nichts kann, weil der Geldgeber falsch gezielt hat, und weil der Nehmer sich nicht dort befindet, wo das Geld ihn vermutet, wodurch eine Irritation entsteht und Geld plötzlich dort landet, wo es gar nicht hin will, nämlich in der Schweiz, könnte man auf die Vermutung kommen, dass es irgendwo fehlt. Weit gefehlt. Es handelt sich um missgeschicktes Geld, das merkwürdigerweise niemand vermisst. Derartige Transaktionen, verehrte Zuschauerinnen und Zuschauer, sind für einzelne Menschen nicht möglich. Es gab Politiker, die das Waschen allerdings hervorragend miteinander konnten. Wobei, wie man sieht, das Wort Anderkonten sich dahinter glänzend verbirgt. Mit diesem Stichwort übergebe ich an meinen Mann, der sich die Hintergründe und vor allem die Folgen zusammenreimen konnte.«

»Danke. Und das ist die Geldlage von morgen:
Wenn alle kriminellen Geldeinsacker,
wenn Diktatoren, Mafioten, Rotlichtmacker,
wenn Spitzendealer von den Drogenfronten
und Erben von verräumten Anderkonten,
wenn die sich alle aus dem Lande trollen,
zur gleichen Zeit zu ihrem Geld ziehn wollen,
dann wird es voll an allen Schweizer Grenzen sein,
dann wird es eng in Zürich und in Liechtenstein.
Danke. Gleich kommt der Onkel mit der Börsenbeichte!«

Wir haben die Auflage eingehalten. Kein einziges Mal fiel das Wort Schwarzgeld. Trotzdem Ärger? Glaube ich nicht. Ärger gibt es doch nur bei den Betroffenen.

Das wird doch nicht schon die Mehrheit sein?

OFF-AIR-PROMOTION

Ich schaue auf die Uhr: 7.15 Uhr.

Was, der Henker, ist schon wieder los? Unzählige Autos müssen vor unserem Haus stehen. Türenklappen, Gelächter. Wir springen aus dem Bett, schauen aus dem Fenster.

Ich weiß nicht, was Renate im Moment denkt, mir bleibt der Atem weg. Unser ganzer kleiner Garten ist gefüllt mit Menschen. Mindestens hundert!

Sie trampeln auf den Blumenbeeten rum, stehen auf den Gartenmöbeln. All das, was Renate mühsam gepflanzt hat, wird zermanscht, zerknickt. Einer bricht mit einem Gartenstuhl zusammen.

Renate ist totenblass, und es laufen ihr die Tränen herunter, aber sie bringt keinen Ton heraus.

Es handelt sich um Damen und Herren mit Fotoapparaten. Sie fotografieren einen Herrn, der als Objekt ihrer Bemühungen sich in der Mitte der Szene spreizt. Vor ihm vier Bodyguards, die ihn vermutlich vor den radikalsten Fotografen bewahren sollen. Wir ziehen uns an, rennen die Treppe hinunter, und Renate schreit, und das war unvorsichtig, mitten hinein in diese Szene: »Was ist hier los, verdammt noch mal?«

Sofort stürzt sich die ganze Hammelherde auf uns, und es schnurrt und surrt und klickt und blitzt, und dazu dieses hysterische Geschrei: »Hierher bitte! Einmal hier!« Arme langen nach uns und stoßen uns, zerren uns in andere Positionen, und hinter diesem Pulk erkenne ich plötzlich das Ledernackenteam von ORA-TV mit ihren Kameras auf Kisten stehend. Sie filmen mit ihren Kameras die Fotografen mit ihren Kameras.

Der gerade noch im Mittelpunkt gewesene Herr ist lebensgefährlich eingekeilt. Die Kameras schwenken hinauf zu unserem verbrannten Schlafzimmer. Die Fotografen in den hinteren Reihen drücken nach vorne, Renate schreit vor Angst, man wird uns über den Haufen rennen.

Hinter uns hören wir wütende Stimmen. »Haut ab, ihr Idioten!« Ein paar Fotografen werden umgeworfen, fallen übereinander. Jo und Eric mit Cem, unserem Tonmann, prügeln, stoßen und zerren und schaffen eine Gasse für uns, sodass wir entwischen können. Später kommen sie zu uns in die Küche, in der wir erschöpft hocken.

Keiner kümmert sich um uns. Die Meute hat ihre Bilder. Das Entsetzen in unseren Augen werden die ORA-Leute dann irgendwie mit dem Brand zusammenmischen und die Vermutung äußern, dass Renates Geliebter im Schrank, in der Besenkammer oder im Bett tragischerweise mitverbrannt ist, vielleicht auch einen Versicherungsbetrug andeuten. Aber alles in allem schien das eine perfekte »Off air promotion« gewesen zu sein, wie man es nennt, wenn man einer Sendereihe in anderen Medien einen Werbeschubs geben will.

Wer weiß, ob wir noch so unverletzt in der Küche sitzen würden, wenn das Trio nicht eingegriffen hätte.

Cem meint, es könnte durchaus sein, dass ein paar von den Fotografen Anzeige wegen Körperverletzung erstatten. Cem mögen wir alle. Bei einer Reihe von Leuten ist er gefürchtet, denn er ist jähzornig und wie wir vorhin gesehen haben, körperstark. Wo er zugepackt hat, ist sofort Raum entstanden. Cem ist Türke, wohnt seit 15 Jahren in Deutschland. Er ist als Fußballspieler gekommen. Galt als äußerst talentiert. Kam von einem Erstligaverein aus Bursa, Bursaspor, glaube ich, spielte in Deutschland in einem fränkischen Verein in der Oberliga und spricht ein absolut perfektes Deutsch, aber mit den berühmten fränggischen Weichlauten. Jo macht ihn oft nach, versucht es, kann es nicht, woraufhin Cem Jos Lispelberlinisch kopiert, was der aber kann.

Als Cem 25 war und von einem Bundesligaverein umworben wurde, tat er etwas höchst Bemerkenswertes, was seinem Leben eine völlig neue Richtung verlieh.

Als er in einem Spiel einem Gegner gegenüberstand, der ihn schon vor dem Anpfiff hasserfüllt angestarrt hatte, ihn dann viermal mit einer Knochenbrechergrätsche zu Fall brachte, der Schiedsrichter aber nicht abpfiff, geschweige denn dem Knochenbrecher die gelbe oder rote Karte zeigte, und der dann beim vierten Foul Cem anzischte: »Pennst du türkische Drecksau immer noch mit deiner deutschen Nutte?«, da zog Cem in aller Ruhe seine Schuhe aus, ging zum Schiedsrichter, drückte sie ihm in die Hand, verließ den Platz, duschte sich, verließ das Stadion und die Stadt und spielte nie wieder Fußball.

Renate kommt aus dem Keller mit drei Flaschen Rotwein. Wir stoßen an, und Cem grinst: »Hätt' schlimmer gommen gönnen.«

Die Tür geht auf. Die Pietsch steht in der Küche, ohne anzuklopfen natürlich, und bittet uns in den Garten, weil der Herr Birkenwasser uns sprechen möchte.

Renate: »Soll reinkommen, der Herr!«

Die Pietsch, etwas eingeschüchtert durch den barschen Ton von Renate, meint, es wäre in der Küche vielleicht nicht so passend.

Dröhnendes, schepperndes, brüllendes Gelächter von den fünf Trinkern.

Jetzt ist die Carmen bemitleidenswert ratlos.

Ich hole ein Glas, gieße Wein ein, drücke ihr ein Glas in die Hand und sage: »Pietschin, setzen Sie sich hin und lassen Sie den Herrn Brückenwasser draußen im kaputten Garten stehen.«

Da wird sie wieder ganz steif und lässt wissen: »Herr Dr. Birkenwasser ist eine sehr einflussreiche, führende Persönlichkeit im oberen Leitungsbereich. Ich würde Sie bitten zu kommen, denn er möchte sich bei Ihnen entschuldigen für die Schäden, die diese Fotokonferenz verursacht hat.«

Aha. ORA oder HÖWEI? Dann wollen wir uns den Herrn doch mal anschauen.

Wir gehen hinaus. Beim Anblick des Gartens kommen Renate die Tränen. Was aber ihre Wut verdoppelt, ist die Erkenntnis, dass dieser Herr Birkenwasser sich nur vor den Kameras der TV-Einsatzgruppe entschuldigen möchte.

Birkenwasser, salbungsvoll, der ganze Mann ist eine einzige Salbe: »Verehrte gnädige Frau …«

Weiter kommt er nicht, denn Renate giftet ihn an: »Hören Sie auf, Mann. Sie wollen sich gar nicht entschuldigen. Sie wollen ja bloß *drehen*, wie Sie sich entschuldigen!«

Und dreht sich um und verlässt den Platz.

Ich folge ihr. Besser kann man es nicht auf den Punkt bringen. Das Schlafzimmer bleibt verbrannt, der Garten zertrampelt.

Und morgen das Relaunch.

EIN GLAS ZU VIEL

Renate zischt mich an: »Was ist das für ein Leben? Warum machen wir das? Warum haben wir uns darauf eingelassen?«

»Weil du damals gesagt hast...«

»Ich? Ach so? Ich schon wieder! Aus mit der Serie. Diese Bande muss raus hier. Das ist ja ein Horrortrip!«

»Die Quoten sind sehr gut. Und wir kriegen Prozente.«

»Hast du dir noch eine Flasche raufgeholt?«

»Wieso?«

»Wieso, wieso. Tu doch nicht so. Du hast eine Fahne. Das ist keine Einflaschenfahne! Hast du oder nicht?«

»Na jaa... ich dachte...«

Renate stößt den Stuhl zurück und verlässt den Raum.

Es war Whisky. Sie riecht das. Sie riecht alles.

Und sie sieht es an meinen Augen und merkt es daran, wie ich spreche. Sie hasst es, wenn ich trinke. Sie trinkt kaum etwas. Es kann aber passieren, dass sie trotztrinkt. Dann muss ich sie über die Schulter hängen und nach Hause bringen. Das kommt kaum vor.

Bei mir ist das ein ander Ding. Es schmeckt mir fast jeder Alkohol. Außer Likör. Seit vielen Jahren. Ich bilde mir ein, ein talentierter Trinker zu sein. Und ich bilde mir ein, den Alkohol gut zu vertragen. Renate behauptet, dass Trinker daran zu erkennen sind, dass sie ihn *nicht* mehr vertragen.

Ich glaube, dass ich das nicht glauben will.

Ein inzwischen leider nicht mehr lebender, von mir bewunderter, berühmter Schauspieler hat das einmal besonders gut ausgedrückt. Man drehte in einem kleinen Ort in Niedersachsen einen Film, hatte den letzten Drehtag und feierte den Abschluss. Bis um zwei Uhr feierte man noch recht gesittet. Die Hotelbesitzerin, die man eingeladen hatte, wurde müde, wollte aber die Feier dieser netten Menschen nicht verderben und sagte, sie sollten dann den Saal abschließen und den Schlüssel an das Bord in der Rezeption hängen.

Morgens um sieben wurde sie durch lautes Singen geweckt.

Inzwischen hatten sich viele wütende Hotelgäste beim Portier beschwert. Sie eilte in den Saal, und es bot sich ihr ein Bild des Grauens. Einige der Damen und Herren hatten sich buchstäblich unter den Tisch getrunken, Stühle waren umgestürzt, überall zerbrochene Gläser und Flaschen, ein übler Kneipendunst schlug ihr entgegen.

Sie herrschte den erwähnten Schauspieler, den prominentesten der Gruppe, an: »Das hätte ich nicht von Ihnen gedacht! Verlassen Sie sofort mein Hotel. Auf der Stelle. Alle!« Der schaute beleidigt auf und sagte, etwas schwankend: »Wenn ein Schauspieler schon mal ein Bier trinkt.«

Ich habe jetzt gerade mal *einen* Whisky getrunken! Moment… ich glaube doch zwei. Oder drei?

Egal. Na ja, von dem Wein habe ich auch… aber Wein, mein Gott. Es war die Situation! Was soll man machen?

Dann ist wieder Schluss mit dem Alkohol.

Whisky sowieso nicht mehr. Eigentlich brauche ich das ja alles gar nicht. Mir geht's gut. Ich bin gut drauf.

Manchmal ist es halt so, dass man denkt, es geht besser, wenn man was trinkt.

Also, wenn ich am Schreibtisch sitze. Na ja, und da fängt es manchmal einfach nicht an. Hol ich mir 'ne Flasche Wein. Dann fängt's an. Nach der halben Flasche hört's wieder ein bisschen auf. Also die andere halbe. Dann geht's wieder.

Aber es geht nicht mehr so wie am Anfang. Hol ich mir noch eine. Dann geht's wieder besser. Aber man wird müde. Nach der ersten Hälfte der zweiten. Also trinkt man die zweite Hälfte von der zweiten. Und dann schläft man ein.

Dagegen hilft dann Whisky.

Kaffee hilft dann nicht mehr.

In zehn Minuten haben wir unsere Afternoon-Story-Time. Geschichten, die einem so einfallen. Hübsche Idee...

Renate reißt die Küchentür auf, donnert mir ein Blatt auf den Tisch und sagt:

»Hier, damit du mal im Bilde bist, wie deine Trinker-Bilanz aussieht.«

Ich versuche sie zaghaft an unsere Story-Time zu erinnern. Und sie sagt mit schmalen Lippen:

»Das machst du heute ganz allein.« Und verlässt die Küche.

DIE HEXENVERBRENNUNG

Also meinenamennund... Versseihung. Ich fang nochma an.

Meine lieben Suschauer und Suschauerinnen... meine heutige Nachmittagsgeschichte ist überhaupt nicht erfunden, sondern liegt bereits in den Schubladen und Schubladinnen drinnen von der Firma ORA-TV. Wer Ora sagt, muss auch Labora sagen, und labora ist die Übersetzung von arbeiten. Wer arbeitet, soll auch trinken Prost äh amen. Guten Amen.

Das Fernsehen muss sich an seine Zuschauer gewöhnen, und der gewöhnliche Zuschauer erwartet, dass er ganz außergewöhnliches Fernsehen bekommt, nämlich für den außergewöhnlichen Zuschauer.

Früher konnte der Zuschauer Hinrichtungen beiwohnen, die aber jetzt nicht mehr stattfinden, weil das blöde Gesetz eine normale Dezimierung von Verbrechern nicht mehr zulässt.

Folglich kann eine Liveübertragung von einer Köpfung nicht mehr stattfinden.

Was schade ist, weil sie eine solch hohe Einschaltquote hätte wie ein Championsfußball oder Jauch. Auch Hexenverbrennungen sind seit einiger Zeit verboten. Wegen Hexenmangels abgeschafft. Wenn man jetzt überlegt, was Menschen alles anstellen, damit sie vor der Kamera sogar intimste Sachen machen können, muss man nur mal fragen... und man hat bestimmt Hexen, die sich auf den Holzstoß stellen lassen, was natürlich noch besser wäre, wenn man es koppeln könnte mit einem Ratespiel.

Mal so überlegt: ein Ehepaar. Sie steht auf dem Holzstoß, und er wird gefragt: Was ist ein Tamagotschi – ein Japaner, ein Berg in Tirol oder ein Auto oder irgendetwas anderes. Wenn er es nicht errät, wird eine Ecke vom Holzstoß angezündet. Drei Fragen muss er richtig beantworten, dann darf sie runter. Wenn alle falsch beantwortet werden, fährt sie husch in den Himmel. Oder wo sie hin will. Nackt muss sie sein! Wenn sie durchkommen, kriegen sie fünf Millionen Mark. Wenn sie brennt, muss der Mann das Holz bezahlen.

Ich danke Ihnen für Ihr Interesse.«

Ein paar Minuten später kommt die Pietsch herein und sagt: »Haben sich schon zwölf gemeldet!«

»Was denn, zwölf Hexen?«

»Nein. Zwölf Männer.«

KÜCHENKATER

Renate spricht nicht mit mir.

Wir bekommen unser Frühstück. Nur in der Kantine des Senders Freies Berlin gibt es ein schlechteres.

Renate schaut an mir vorbei.

Sie köpft ihr Ei. Es ist hart. Sie hasst harte Eier.

Die Stimmung verschlechtert sich für mich.

Die ORA-Leute müssen die Kaffeemaschine frisch geölt haben. Der Kaffee schmeckt so.

Ich versuch's mal. Sage so nebenhin: »Ich habe gelesen, dass es in Stuttgart ein Trojanisches Pferd als Ausstellungsstück gibt. Die *SZ* meint:

›Das Stuttgarter Trojanische Pferd ist ein pfiffiger Eye-catcher.‹

Ein Blickfänger. Ist das nicht allerliebst?«

Sie antwortet nicht.

Mir kommt eine indogermanische Weisheit in den Sinn: So kommt der Mensch nach vorn:

Geht's nicht mit Witz,

Dann geht's mit Zorn.

Also sage ich ihr etwas, was sie bisher noch nicht wusste.

»Sie öffnen unsere Post.«

Renate schaut mich mit großen Augen an und bringt gerade noch heraus: »Das ist nicht dein Ernst.«

Sie hat gesprochen.

»Seit wann?«

»Von Anfang an.«

»Und das lässt du dir gefallen?«

»Du dir auch.«

Sie nickt. Resigniert. Dann schaut sie mich das erste Mal heute Morgen an und sagt sehr bestimmt:

»Wenn das so weitergeht wie gestern Nachmittag, gehe ich weg. Ich packe meine Sachen und gehe. Dann ist alles aus, das weißt du. Sie wollen uns nur zu zweit. Nur als Paar.«

Und ich bin wirklich fest entschlossen und sage:

»Es wird nicht mehr vorkommen, ich verspreche es dir.«

»Trinker lügen.«

»Nur wenn sie trinken!«

Und da muss sie lachen.

Es geht vorwärts.

»War das mit dieser Hexenverbrennungsidee alt, oder ist dir das im Suff eingefallen?«

»Suff.«

»Klang auch so. Was du nicht weißt, denn du hast zwölf Stunden geschlafen … es wird ein Herr von der ORA vorbeikommen, um ganz unverbindlich speziell mit dir ein Gespräch zu führen.«

»Ach! Ist es wieder dieser Dr. Trinkwasser?«

»Birkenwasser hieß er. Nein, ich glaube, es kommt ein Pater.«

»Verstehe. Ein Fernsehmissionar. Na gut, soll kommen. Vielleicht hat er das Set für die Letzte Ölung dabei.«

Frau Pietsch betritt unsere Küche und meldet die Ankunft des geistlichen Herrn für das Gespräch im Wohnzimmer.

Renate betrachtet sie feindlich, und ich weiß, gleich fällt ein böser Satz.

Renate: »Ist das nicht ein gutes Verhältnis zwischen Ihrer ORA und uns?«

Die Pietsch schaut irritiert.

Renate: »Es ist ein ständiges Geben und Nehmen. Sie geben uns Befehle, wir nehmen Ihre Frechheiten entgegen. Wir öffnen unser Herz, Sie öffnen uns dafür die Post. Hauen Sie bloß ab!«

PREACH-IN

Pater Lorenz sitzt mir gegenüber.

Erstaunlich, wie falsch ich mit meiner Vorstellung, die ich mir von diesem Mann gemacht habe, liege.

Keine Ähnlichkeit mit dem Bild des Bischofs Krenz, dieser fettbäuchigen Mischung aus doktriniertem Kleingeist und Hochmut, diesem Werbebild für Beten und Bier.

Es sitzt mir ein schlanker, schmalgesichtiger Herr gegenüber, der gut in den Vorstand einer großen Autofirma passen würde. Ein Bayer würde vielleicht sagen: Er schaut gscheit.

Pater Lorenz möchte gern wissen, weshalb wir diesem, und er lächelt dabei etwas maliziös, »Experiment« zugestimmt haben. Er hätte sich einigermaßen gewundert über unsere Auslassungen, die er mit Interesse verfolgt hat.

Ich sage ihm, dass der Verdacht, wir könnten durch die permanente Ausstrahlung Popularität gewinnen, natürlich nahe liegt, dass ich das aber, und meine Frau würde mir gewiss zustimmen, als Hauptbeweggrund ablehne. Richtig ist, so antworte ich, dass wir den Vorwurf, wir würden »nichts bewegen« können, mit diesem Engagement entgegentreten wollten.

Ich sehe an seiner Reaktion, das er mir nicht glaubt. Ich mir auch nicht.

Was ich ihm sagen kann und will, ist die Tatsache, dass ich für eine kurze Zeit jähe Existenzangst hatte, dass ich panische Angst davor hatte, unsere letzten Jahre in einem Altenheim verbringen zu müssen.

Pater Lorenz scheint das zu ahnen oder sogar zu wissen, ohne dass ich es ihm verraten muss.

Wir schauen uns eine Weile an, ohne etwas zu sagen.

Dann fragt er so beiläufig: »Das mit der Hexenverbrennung gestern Nachmittag, war das so eine Art Ausfall?«

»Nein. Das war ein Einfall.«

»Jaja…«, er grinst geradezu, er scheint Humor zu haben, »Sie müssen Pointen machen. Mir ist das Schicksal von freiberuflichen Pointenfabrikanten durchaus bekannt. Es ist für viele eine Existenzfrage. Der Zusammenhang zwischen einem Ausnahmeeinfall und einem Einnahmeausfall ist mir geläufig.«

»Ich lebe nicht von einzelnen Pointen, ich schreibe Geschichten!«

»Sie können Gott dankbar sein.«

»Wenn Sie das sagen.«

»Aber war diese Geschichte nicht ein wenig flach?«

Er kommt zur Sache. Vielleicht war er selbst nicht betroffen, danach sieht er nicht aus, aber irgendjemand bei ORA-TV fühlt sich verletzt und hat ihn zu uns geschickt.

Die Strategie einzuschüchtern ist immer die Gleiche. Feuilletonisten zum Beispiel, die fest im Vertrauen auf ihre geistige Weisungsberechtigung ihren Lesern gegenüber schreiben und überzeugt sind, dass deren Beurteilungsdefizit ihre, der Feuilletonisten, Autorität förmlich erfleht, machen, wenn sie schlechter Laune sind, sehr oft kurzen Prozess: »flach«, »dümmlich«, »schwach«, »kindisch«. Sehr gern wird das Wort »witzeln« verwendet. Pech haben sie nur, wenn sie übersehen, dass eine solchermaßen abgetane Bemerkung von Georg Christoph Lichtenberg stammt.

»Sehen Sie, Pater«, versuche ich das scheußliche Wort »flach« zu entschärfen, »es sollte ja nicht nur ein Witz sein, sondern eine Erinnerung an eine Zeit, in der die allein selig machende Kirche – wer tot ist, gilt ja als selig, selbst wenn die eigene Kirche ihn umgebracht hat – gewaltige Schauprozesse veranstaltet hat, um nichts anderes als Angst bei den Menschen zu erzeugen. Sie wollten damit einen Teil der Macht bewahren, die irdische Potentaten im 16. und 17. Jahrhundert ihr streitig gemacht hatten. Die Nachwirkungen der Reformation ließ Fürsten und Herzöge von der Fahne gehen. Es war bedrohlich, dass die Angst der Menschen vor dem Fegefeuer nachließ.

Es mussten Exempel statuiert werden. Schauprozesse! Nach Menschenfleisch sollte es riechen. Tausende von ausgebrannten, geläuterten Seelen sollten zur Hölle fahren oder zum Himmel, wo man halt den Gott vermutet, den man anbetet.

Und wenn man sieht, welch groteske Formen die Bereitschaft des deutschen Fernsehteilnehmers, sich zu outen, angenommen hat, und wenn man dann noch sieht, dass für den geilen Offenbarungseid des Innenlebens viel Geld zu gewinnen ist, dann ist die Verbindung zwischen Scheiterhaufen-Show und Ablass nahe liegend.«

Pater Lorenz hört sich das alles gelassen an.

Er schlägt ein Bein über das andere, nippt an einem Glas Wein, lächelt noch einmal nachsichtig und lässt dann einen Satz abtropfen, der mir die Bewunderung für seine Bereitschaft, tolerant zu sein, abnötigen soll:

»Wenn Sie damit Maximilian, den Herzog von Bayern, meinen sollten, dann möchte ich Sie darauf aufmerksam machen, dass dieser in der Tat blutige Herr, spanisch erzogen, der Inquisition nahe stehend, von 1597 bis 1651 regiert hat, was einen darauf bringen könnte, dass das schon ziemlich lange her ist und die katholische Kirche Zeit und Anlass genug hatte, die damalige Entwicklung als falsch zu beurteilen. Was sie natürlich auch getan hat, nicht wahr.«

Und, verdammt, ich kann mir die Pointe nicht verkneifen, wahrscheinlich ist sie flach-dümmlich:

»Stimmt, Pater, das tut sie immer noch. Vor ein paar Jahren schon hat sie eingesehen, dass Galileo Galilei so Unrecht nicht gehabt hat. Die Erde ist eine Kugel und dreht sich um die Sonne.«

Pater Lorenz lächelt und lächelt.

»Eine gern verwendete Pointe. Immer wieder wirksam.«

Dann geht er zum Angriff über, er wird ernst. Er richtet sich auf, schaut, während er spricht, über mich hinweg und wird ein wenig giftig: »Man kann uns an diesen paar Haken, an denen Sie und Ihre Freunde Ihre Vorurteile aufhängen, nicht messen. Die gewaltigen Leistungen, die meine Kirche bei der Christianisierung, bei der Befriedung, der Verbreitung des Gedankens der Liebe zwischen den Menschen und des Respekts des Menschen vor dem Menschen erbracht hat, sind nicht zu schmälern mit immer den gleichen punktuellen Missverständnissen, denen auch ein so großes Menschenwerk wie das unsere naturgemäß unterliegen muss.«

»Gut, zugegeben. Mit einigen Einschränkungen. Nicht immer hatte in diesem Menschenwerk der Mensch Respekt vor dem Menschen. Es gab eine Zeit, in der der Mensch nur ein Mensch war, wenn er ein Christ war.«

Pater Lorenz lehnt sich wieder zurück, schlägt das eine Bein wieder über das andere, greift zum Weinglas und sagt:

»Ach, dahin soll es gehen?«

»Ja. Lesen sie die Memoiren von Helmut Kindler, dem Verleger, der am 10. November 1938 in seine Kirche ging, um zu hören, was sein Pastor zur Kristallnacht zu sagen hat. Der forderte nämlich alle in der Kirche sich befindlichen Menschen mosaischen Glaubens auf, die Kirche zu verlassen. Und dann hatte Kindler eine erschütternde Vision: Er sah seinen Pastor zusammenzucken, sich umdrehen und entsetzt zusehen, wie Jesus vom Kreuz stieg und die Kirche verließ.«

Pater Lorenz nahm das übergeschlagene Bein wieder herunter, richtete sich auf, zog sein Jackett mit einem kurzen Ruck herunter, sagte aber ruhig:

»Finden Sie nicht, dass das ein bisschen unfair ist?«

»Nein, das finde ich nicht, dass es in den beiden Großkirchen Menschen gab, die ihr Leben riskiert und sehr oft geopfert haben, ist unwidersprochen, dass aber Bischöfe, Kardinäle, der Papst und sein ganzer Apparat die Nazibande sogar unterstützt haben, und zwar in genauer Kenntnis des Massenmordes in Russland, Polen, in den Lagern, sogar mit genauen Zahlen über den Umfang der Verbrechen, wissen wir heute ganz genau. Lesen Sie das Buch *Stille Hilfe für braune Kameraden* von Oliver Ström und Andrea Röpke! Sie werden danach vermutlich eine schlechte Stunde haben. Sollten Sie bisher noch nicht das wichtigste Werk zu diesem Thema von dem Würzburger Professor Denzler gelesen haben, würde mir das bestätigen, dass Ihre Kirche noch tief im Sand steckt.

Massenmörder sind nach 1945 über die Pope-line, über die Papstlinie, nach Südamerika entkommen, wo sie ihr Leben in Frieden und Freiheit zu Ende gelebt haben.

Es war offenbar ganz einfach. SS-Führer und -Unterführer, die schuld am Tode von vielen Tausenden von Menschen waren, wurden auf dieses Halmaspiel aufmerksam gemacht. Von katholischen Hilfsorganisationen. Und weitergereicht von Pfarrer zu Kloster von Kloster zum Bischof vom Bischof nach Rom von Rom zum Schiff.

Das alles unter tätiger und gütiger Mitarbeit der Adenauer-Regierung, mit kräftiger Unterstützung durch Franz Josef Strauß, von Hilfsorganisationen, die ganz öffentlich in diesem Lande zugelassen sind, die selbstbewusst auftreten, Heinrich Himmler und Hitler preisen, hie und da prominente Gäste empfangen, dann gemeinsam alte blutrünstige Lieder singen, und niemand, der das weiß, wundert sich mehr, warum Staatsanwälte und Oberstaatsanwälte Neonazis so sanft behandelt haben.

Ein von Ihrer Kirche sehr verwöhnter und als Politiker höchst gepflegter Mann hat einmal bei einer Versammlung von Himmlers Kameraden eine bejubelte Rede gehalten und war gerade noch davon abzuhalten, zum Schluss in ein ›Heil Hitler‹ auszubrechen. Sie können sich sicher denken, von wem ich jetzt spreche, von Jörg Haider. Er wurde jauchzend in die Arme geschlossen.«

Pater Lorenz hat aufmerksam zugehört.

Sein Gesicht verrät, dass er noch ein entscheidendes Argument bereithält. Er schaut aber schon auf die Uhr. Dieses Auf-die-Uhr-Schauen ist eine bekannte und immer wieder wirksame und boshafte Methode, das baldige Ende des Gesprächs anzudeuten. Es entsteht augenblicklich Nervosität. Jeder sucht die letzten Totschlagargumente zusammen. Das Ganze wird krampfig. Der Pater legt die Stirn in Falten, lässt ein bisschen Zungenspitze sehen, und ich denke an Lehrer, die eine Spannungspause machten, um dem Schüler dann ein »Nicht genügend« an den Kopf zu schmettern.

»Wussten Sie, dass der Vatikan in diesen Jahren, von denen Sie sprechen, Mitteilungen von den US-Geheimdiensten hatte, wie viele kommunistische Agenten in die deutschen Städte einge-schleust worden waren, um diese SS-Leute zu jagen? Was mei-nen Sie, wovor die Amerikaner damals mehr Angst hatten? Vor den abgemergelten Altnazis oder vor den Agenten Stalins? Der Vatikan hat lediglich geholfen, diese Figuren aus dem großen Spiel zu entfernen!«

Da war es, das Totschlagargument. Es war an mir, ein Bein über das andere zu legen.

Ich glaube nicht, dass ich Lust habe, auf diesen Quatsch ir-gendeine Antwort zu legen.

Und ich sage: »Amen.«

Und dann wird er, lächelnd, als Sieger sich fühlend, gemein und erinnert mich an mein nahes Ende.

Hat er vielleicht doch das Letzte-Ölung-Set dabei?

»Es nutzt alles nichts, Pater«, sage ich, »ich werde in diesem Le-ben nicht mehr katholisch.«

Der Pater steht auf, ich bringe ihn zur Tür.

Er dreht sich um und fragt tatsächlich: »Warum eigentlich nicht?«

Ich muss ihm sagen:

»Pater, ich habe neulich eine Fernsehsendung gesehen, in der mir ein Fachmann mitteilte, dass dieses unser Sonnensystem eines Tages zerstört wird, dass die Sonne sich zerstören wird. Alles exakt. Wissenschaftlich untermauert. Noch nicht sofort. In ein paar Millionen Jahren. Aber dieses ganze Sonnensystem, in-klusive Erde, Mars, Venus, wird in die Luft fliegen! Auf die Frage eines verstörten Menschen, was denn dann sei, was dann bliebe, sagte der Wissenschaftler völlig ruhig: Wieso? Es gibt Tausende von anderen Sonnensystemen im All!

Sagen Sie mir einen Grund, Pater, warum ich da katholisch werden soll.

Höchstens Ihretwegen.«

Jo hat mich reingelegt.

Gerade eben. Beim Sleep-in.

Renate hatte es kommen sehen.

Warum *ich* nicht?

Jo hat gesagt, dass im nächsten Jahr alle Brücken einbrechen.

Quatsch so was.

Blödsinn. Wieso?

Alles Spannbeton. Über keine Brücke mehr gehen.

Sein Schwager ist Ingenieur. Spezialist für Spannbeton.

Der sagt das. Und meint das ernst!

Wenn das stimmt, steht der Verkehr.

Kein Auto fährt mehr. Kann gar nicht.

Zwei autofreie Jahre.

Eric sagt, er schaut sich schon mal Pferde an.

Reiten lernen, das wär's.

Noch besser wär's: Reitschule aufmachen. Reitlehrer anstellen. Sofort. Solang sie noch zu bezahlen sind.

Ich sage, in Deutschland passiert so was nicht. Da passiert nie etwas.

Richtig, hat Cem gesagt. Bei den Deutschen passiert nie was. Warum nicht? Wer sagt das?

Die Deutschen, hat Cem gesagt.

Auf jeden Fall passiert nichts in den Kernkraftwerken.

Kernkraft ist hochgefährlich, hat Jo gesagt. Aber nicht für Deutsche. Wenn was passiert, dann bei den Japanern.

Wieso das, habe ich gefragt.

Weil die Japaner so klein sind, hat er gemeint.

Und ich habe gefragt, was das damit zu tun hat.

Sie kommen nicht an den Abschaltknopf, hat Jo gesagt.

FRÜHWEIN UND FRIGGE

Um 7.00 Uhr lärmt das Telefon. Das wird zur Kaserne hier! Fehlt nur noch, dass wir morgens antreten müssen.

Ich habe einen Tagesbefehl von der ORA-TV.

Sie haben erfahren, dass ein Mitglied der Akademie, deren Mitglied ich bin, gestorben ist, nämlich der Schriftsteller Frühwein, und ob ich die Mitteilung bekommen hätte, dass die Bestattung heute Vormittag um 9.30 Uhr sei. Da solle ich hingehen.

Schau an, sie haben das aus meiner gestrigen Post.

Ich sage, sehr reserviert und renitent, ich hätte nicht die Absicht, ich stünde dem Verstorbenen nicht so nahe. Die Dame am anderen Ende der Leitung, oder vielleicht sitzt sie auch in einem mobilen Studio um die Ecke, dort, wo die versteckten Kameras zusammenlaufen, die aus Schränken oder unter den Betten herausschießen (ganz sicher bin ich zum Beispiel, dass wir durch die Mattscheibe unseres eigenen Fernsehapparates observiert und fotografiert werden), die Dame also wird sehr bestimmt im Ton und teilt mir mit, die Projektleitung lege großen Wert darauf, dass ich dort gesehen werde. Unser Kamerateam wäre schon auf dem Wege zum Ruheplatz des großen Friedens – so heißt der Friedhof –, Roggenstroh stünde schon bereit, führe mich hin und wieder zurück. Es wäre doch auch mal so was wie ein kleiner Urlaub vom Container. Und lacht zweimal hihi – hihi, mehr nicht.

Und meine Frau?, frage ich. Ich solle noch mal in meine Post hineinlesen, tadelt sie, meine Frau wäre nicht namentlich eingeladen. Na, sage ich, dann hätte ich ja auch eine Stunde Urlaub von meiner Frau. Hihi mache ich. Hihi.

Und sie lacht hihi zurück.

Ende der Durchsage.

Sie schrecken mit ihrer Werbung nicht einmal vor dem Grabe zurück. Ich hatte einen Kameraden – vor der Werbung.

Sebastian Frühwein. Zwei oder drei Jahre waren wir mal im selben Seminar. Mein Gott, da gehörte Baden noch gar nicht zu Württemberg, da wurde Marika Rökk gerade deutsche Meisterin im Dreisprung… nein, da bringe ich was durcheinander, es ist lange her. Frühwein wurde bekannt durch zwei Bücher, die stark gelobt, aber schwach verkauft wurden, war dann viele Jahre Präsident der Akademie, und zwar gemeinsam mit Hartmut Frigge, der über das Vertriebenenproblem in *Hermann und Dorothea* promoviert und dann jedes Jahr ein Buch über Barockliteratur geschrieben hat.

Frühwein und Frigge galten als zertrennlich.

Frühwein behauptete stets, dass Frigge über gar nichts anderes mehr reden könne als über Barockliteratur. Frigge wiederum ließ jeden wissen, dass Frühwein einmal ein Gedicht auf Adolf Hitler geschrieben habe.

Bei ihren gemeinsamen Auftritten vor der Akademie streuten sie gewöhnlich gehässige Aperçus gegen den jeweils anderen ein. Ich sehe Frigge aus dem Haus gehen und seiner scheußlichen Frau zuraunen: »Heute tragen wir den mit Recht so gestorbenen Frühwein zu Grabe.«

Ich habe keine Lust, mich zwischen die Leute zu stellen.

Unterwegs schaue ich mir diesen Roggenstroh an.

»Sie sind heute mein Politruk, wie?«, beginne ich die Feindseligkeiten. Er schaut mich verlegen an und verschluckt eine Antwort. Das ärgert mich, und es rutscht aus mir die direkte Frage raus: »Seid ihr nun schwul oder nicht?«

Er ist ganz entsetzt.

»Um Gottes willen nein!«

»Was ist denn daran so schlimm?«

Jetzt ist er ein bisschen verwirrt.

Aber dann geht er auf meine Frage ein: »Neinnein, schlimm wäre das nicht. Wir sind es aber wirklich nicht.«

»Aber manchmal hat man den Eindruck.«

Roggenstroh druckst herum. Dann meint er:

»Es gibt Leute in unserer Firma, die legen Wert darauf, dass man's ist. Es heißt, man wäre dann bei einer Mehrheit. Die Heteros werden bei uns ein bisschen schikaniert. Das wird auch offen zugegeben. Ja, mein Gott. Anderswo ist das andersrum.«

»Das heißt, Sie tun so, als wären Sie's, sind's aber gar nicht? Ist das nicht mühsam?«

»Schon, ja, man muss seine Freundin immer verstecken. Das nervt.«

»Wie lange wollen Sie das noch machen? Als Bodyguard?«

»Nee, ich will weg. Ich habe ein Angebot.«

»Na sehen Sie. Das ist doch ein Wort. Und was und wo?«

»Bodyguard bei Mayer-Vorfelder.«

Vor der Aussegnungshalle etwa 100 schlecht gekleidete, verdrießlich sich anstarrende Damen und Herren – Akademiemitglieder, Dichter, Germanisten, vereinzelt ein Maler, ich versuche mich in irgendeine stille Ecke zu drücken. Da sehe ich Jo hinter seiner Kamera winken, und im selben Augenblick stürzen sich mindestens 50 alte Menschen, was heißt alt, also so alt wie ich eben, auf mich und verlangen Autogramme. Aha, arrangiert das Ganze. Ein angemieteter Bus, angemietete Senioren, Ablehnung in den Gesichtern der Trauergäste.

Die Türen der Halle öffnen sich. Die uniformierten Ordner versuchen zu verhindern, dass man sich am Kondolenztischchen vorbeidrückt. Ich schaffe es.

Der Oberordner schaut nervös auf die Uhr. Vier Minuten Verspätung im Bestattungstagesplan! Man hat für jede Trauergesellschaft genau 30 Minuten Zeit, sonst wird es für den letzten am Abend zu knapp, unter die Erde zu kommen beziehungsweise in die Urne.

Man setzt sich. Ich sehe Frigge in der ersten Reihe mit einem Manuskript. O weh.

Da ist noch ein zweiter Herr mit einem Manuskript. Frühweins Verleger vermutlich. Ein Mann, der allen anderen Anwesenden gegenüber einen mindestens zwanzigjährigen Vorsprung hat.

Der Musikterror setzt ein. Ein Tenor singt, es kommt vom Band: »Das war mein Leben.«

Es ist dieser schreckliche Tenor mit dem Dilettanten-Vibrato, den es auf allen Friedhöfen der Stadt gibt, und den ich bei den fünf dicht aufeinander folgenden Beerdigungen vor der Containerzeit ertragen habe. Es ist traueraufreibend.

Der Mann, der das singt, kann das Singen nie gelernt haben. Aber er steht auf der Wunschliste der Gruftschnulzen an erster Stelle. Nach einer kurzen, salbungsvollen Rede eines Priesters, dessen Auftritt den Eindruck erweckt, als betrachte der Mann sich dem Himmelsgericht gegenüber als Pflichtverteidiger, und einem grauenhaften »Ave Maria«, begangen von demselben Vibrator wie vorhin, tritt drohend der Dichter Frigge vor den Sarg des Frühwein, verneigt sich und saugt sich dann mit beiden Händen an den seitlichen Verzierungen des Rednerpults fest.

Er bedauert zunächst die tragischen Verstrickungen des Verstorbenen und stößt dann zum Vergleich tief in die ergreifende Lyrik der berühmten *Kirchhofsgedanken* des großen barocken Dichters Andreas Gryphius, der in seiner Jugend schon tief religiös verdüstert zu der erschütternden Feststellung gekommen ist, dass diese Welt durch und durch eitel sei, worüber er, Frigge, vor Jahren schon in seinem Buch »Der Blut- und Wundendunst der Barockliteratur« Zeugnis abgelegt habe. Wohl habe er gleichzeitig auch darauf hingewiesen, was ihm höchste Anerkennung im weiten Kreis der Kenner eingetragen habe, dass die Heiterkeit bei Gryphius, besonders was seine Bühnenstücke angeht, aus dem tiefen Bereich der für die Barockzeit im Inneren der Menschen weilenden Angst vor dem Tode gekommen sei. Dennoch sei die überbordende Lust zu leben in den Komödien des Gryphius deutlich erkennbar, was er, Frigge, in seinem kleinen Werk über das Stück *Horribilicribrifax*, das mit seinen zwei herrlichen Hauptpersonen, den Hauptleuten Horribilicribrifax und seinem Gegenspieler Daradiridatumtarides, seiner Meinung nach überzeugender ausgeführt hat als der Würzburger Ordinarius Professor Kantenschläger, der der *Geliebten Dornrose* tiefere Barockheiterkeit zuspricht...

Inzwischen blicken die Uniformierten in hellem Aufruhr auf die Uhren und versuchen durch Zeichen und leise Zurufe den Redner zum Aufhören zu bewegen. Unter den Trauergästen macht sich Unruhe breit.

Man ist weit über die Zeit.

In diesem Moment geht ein Herr an das Pult und zischt Frigge zu: »Es handelt sich um einen Toten.«

Frigge schaut, aus seiner Rede gerissen, hoch und fragt: »Wer ist gestorben?«

Er bekommt die Antwort: »Frühwein.«

»O ja«, erinnert sich Frigge und erklärt in vier kurzen Sätzen, dass man um den Kollegen Frühwein trauere. Musik und raus mit dem Sarg.

Im Wartezimmer sind inzwischen drei Trauergesellschaften versammelt und empören sich lautstark. Schon jetzt weiß die Friedhofsverwaltung, dass sie mindestens eine Bestattung auf den nächsten Tag verschieben muss, was aber angesichts des gefüllten Kalenders schwierig sein dürfte.

Der Direktor sagt verbittert: »Dieser Mann hat unseren gesamten Wochenplan ruiniert.«

Und dann bricht es spontan aus ihm heraus: »Mein Gott, irgendwie müssen wir doch unsere Leichen loswerden!«

ICH HABE KEIN ZUHAUSE MEHR

Roggenstroh fährt mich zurück. Er schaut mich verstohlen von der Seite an. Er will wohl herausbekommen, wie hoch meine Trauerquote ist. Und dann sagt er: »Ich sage mir immer, wenn ein Freund gestorben ist, der Herr hat ihn zu sich gerufen.«

Ich bin zu einem tiefen Gespräch im Augenblick nicht bereit. »Ach, Roggenstroh, das sehe ich anders. Ich stand einmal am Grab des Blut-Schörners, das war der Generalfeldmarschall, der ganze Regimenter von Soldaten in den Tod gejagt hat, um seinem Dienstherrn Hitler zum Sieg zu verhelfen. Da steht auch so was Ähnliches. Gott hat ihn gerufen. Glaube ich nicht. Wenn es gerecht zugeht, ruft so einen kein Gott. Und jetzt fahren Sie schön zu meiner Dienststelle in meinem Haus, und von Beileidsbezeigungen bitte ich abzusehen. Kränze sind an der Pforte abzuliefern.«

Roggenstroh ist beleidigt. Nicht so schlimm, Hauptsache, er hält den Mund.

Nach einer Weile habe ich doch Lust, ihn zu ärgern. Schon allein deswegen, weil Mayer-Vorfelder ihn, wenn es überhaupt stimmt, zu einem seiner Bodyguards macht.

Der Mann ist jetzt Chef des Deutschen Fußballbundes. Das ist ein einflussreicher Job. Er sitzt jetzt auf dem Chefsessel und hat das große Sagen.

Dessen Body guarded also Roggenstroh. Wenn ich ihn mir so anschaue, es passt.

Mehr muss er ja nicht schützen als den body. Der Schutz von brain ist ausdrücklich nicht vorgesehen.

Das entfällt bei Mayer-Vorfelder.

Nach welchem Prinzip suchen sich solche Leute ihre Leute aus? Wenn sie zu bezahlen wären, würden um Mayer-Vorfelder wahrscheinlich ehemalige Korpsstudenten mit dicken Schmissen herumwurlen. Gesinnungsnachwuchs.

Das ist es. Da piekse ich mal hin.

»Sagen Sie mal, Roggenstroh, was ist das eigentlich für ein Name? *Roggenstroh*… ist das nicht ein jüdischer Name?«

Das war jetzt fahrlässig von mir, denn er fährt beinahe einen Radfahrer über den Haufen. Er ist förmlich entsetzt!

»Wie bitte? Aber nie! Das war noch nie ein jüdischer Name! Wir kommen aus der Uckermark. Da hat es nie Juden gegeben!«

»Was haben Sie eigentlich gemacht, bevor Sie Pressesprecher dieser Privatbank wurden?«

»Ich habe studiert. Ein paar Semester. BWL.«

»Waren Sie da in dieser tollen Studentenverbindung, die nach '45 ziemlich schneidig vorgeprescht ist und jüdische Kommilitonen ausgeschlossen hat?«

Roggenstroh strahlt. Er nickt.

»Es war eine tolle Zeit damals!«

»Wo haben Sie Ihr Närbchen? Ihren Ehrenkratzer im Antlitz?«

»Hat nicht geklappt.«

»Schade, würde Ihnen gut stehen, wenn Sie da so einen Abnäher in der Fresse hätten.«

Jetzt ist Roggenstroh endgültig beleidigt. Er spricht nicht mehr mit mir.

Man darf ihn jetzt nicht in Ruhe lassen. Er schweigt, aber ich muss ihm noch etwas mitgeben. Wir halten vor dem Haus. Er möchte aussteigen.

»Roggenstroh, etwas zu Ihrer Erbauung. Victor Klemperer hat in seinen inzwischen berühmten Tagebuchaufzeichnungen einen Witz zum Nachdenken hinterlassen.

Ein jüdischer Arzt wird zu einer Entbindung gerufen. Er holt das Baby, und der Vater sagt, indem er auf ein Jesusbild deutet, das an der Wand vor der Wiege hängt: ›Hängen Sie das Jesusbild ab, ich möchte nicht, dass mein Kind, wenn es die Augen aufschlägt, einen Juden sieht.‹

Der Arzt sagt ruhig: ›Es wird keinen Juden sehen müssen, es ist blind.‹«

Roggenstroh verschwindet grußlos im Haus.

Ich nehme Kurs auf die Küche und singe den Text von Georg Kreisler vor mich hin: »Ich fiel mich nich zu Hause, zu Hause, zu Hause…«

Schluss mit Jammern. Arbeiten. Renate sitzt bereits an ihrer Schreibmaschine.

Bevor ich Renate von der wundersamen Erdversenkung eines jetzt schon vergessenen, großen deutschen Schriftstellers berichte, muss ich mir notieren: Mayer-Vorfelder – Fußball – in der rechten Ecke wird es eng. Der Innenminister fordert Deutschprüfung auch für deutsche Fußballer. Durch die deutsche Nationalmannschaft zieht sich ein Muskelfaserriss im Bereich des Denkmuskels, der wo den Spieler nicht mehr so unbeschwert aufspielen lässt.

Achtung! Warnung an Gegner, die in deutschen Strafraum eindringen! Gegner tödlich auf den Kopf getreten! Reporter: Gott sei Dank *vor* der Strafraumgrenze. Kein Elfmeter!

Denn der Sport ist eine Droge.«

Renate liest mir vor, was wir gemeinsam verantworten sollen, wenn in dieser Woche die »Gesellschaft für Aktives Altern« (GfAA) ein Interview zu diesem Thema mit uns machen will.

Vorher sagt sie mir noch, dass wir zwanzig Strafpunkte von der HÖWEI bekommen haben. Die Petze hat sich gerächt. Diese Pietsch hätte wirklich die drei Flaschen Wein, die Renate nach der Gartendemolierung raufgeholt hat, vergessen können. Strafpunkte bedeuten Abzüge bei der finanziellen Beteiligung.

»Na ja. Was sind für uns schon zwanzig Punkte.«

»Nein«, sagt Renate, »*jeder* zwanzig!«

Renate hat mir versprochen, etwas zum Thema Sport zu sagen.

Es ist nicht viel Positives zu erwarten. Gut so. In einer Zeit, in der zu erwarten ist, dass der bayerische Schafkopf zur olympischen Disziplin erklärt werden wird und jetzt schon hoch bezahlte, von Konzernen gesponserte Profis im Land herumreisen, die teuere Schafkopftrainer aus Miesbach, Tegernsee und Holzapfelkreuth bezahlen, kann man nicht mehr hoffen, dass irgendein Mensch merkt, wie schwachsinnig die ganze Bewegung geworden ist.

Natürlich werden auch die zukünftigen Schafkopfstars als Medaillenanwärter so trainieren müssen wie alle anderen Athleten auch. Man sieht bereits schwergewichtige, notorische Tischsitzer durch die oberbayerischen Wälder stolpern, die auf die Frage, was sie da machen, nur ächzend mitteilen können: »Konditionstraining für die Olympiade.«

Die Ästhetik dieser Sportart wird durch das Üben von anmutigem Trumpfstechen sicherlich auch gefördert, aber im tiefsten

Inneren rührt sich doch der Zweifel, ob das nach der Einführung des Singlewettbewerbs im Synchronschwimmen nicht schon wieder ein Hinweis darauf ist, dass die Übersicht verloren gegangen ist bei den obersten Sportgremien.

Ganz zu schweigen von dem Gesundheitswert, den der Sport angeblich vermittelt.

Renate: »Seien wir deutlich, verehrte Zuschauer und Zuschauerinnen, Sport ist nicht nur für alte Menschen nicht gesund, sondern auch genauso schädlich für junge!

Sport ist die ungesündeste Art aller Überlebensversuche. Sport hetzt uns aufeinander. Die Würde des Menschen ist dabei nicht gewahrt.

Betrachten wir die zunehmende Barbarei im Fußballsport. Fußballspieler sind grätschende Körperverletzer, die durch Spiel sofort zum Kampf finden, Gegnern die Fortpflanzungsorgane zerquetschen, die Ellenbogen in die Kinnladen schmettern oder mit angewinkelten Beinen dem Feind die Bandscheiben zertreten.

Gewiss, viele von ihnen werden durch diese Art der legitimierten Körperverletzung reich, spüren aber bereits mit 30 Jahren, dass sie 60 sind. Krankenversicherungen sollten sie tarifmäßig behandeln wie früher Todeswandfahrer.

Zehn Jahre lang genießen sie die Aufmerksamkeit der Öffentlichkeit. Man interessiert sich für ihre Nahrungsaufnahme, für die Automatik ihres Stuhlgangs, kennt ihre Frauen, Töchter, Mütter, Väter, lässt sie geduldig jede Woche idiotisches Zeug in Gesprächen mit nicht viel klügeren Reportern erzählen. Man putzt ihnen die Schuhe, die Zähne, den Hintern, lässt sich obendrein noch von ihnen beschimpfen, verteidigt sie, wenn sie, von keinem Funken Intelligenz gehindert, in Bars Frauen prügeln, und freut sich fast, wenn einige dieser dummdreisten Neureichen auf schlaue Leute treffen, die ihnen ruck, zuck ihre Millionen wieder abnehmen.

Auf diesem Niveau baut sich in Zukunft das gesamte Kulturwesen des deutschen Fernsehens auf.

Auch andere, früher hoch geschätzte Sportdisziplinen zerreißen sich inzwischen selbst in der Luft. Es gibt Sportler, die, beim Doping erwischt, den Heiligen Geist anklagen, dass er ihnen eine Taube geschickt hat, die ihnen millimetergenau ins Gehirn geschissen hat. Olympische Spiele sind völlig unspannend geworden! Spannend ist nur noch, welchen Olympiasieger man nach dem Doping erwischt und welchen nicht. Zu erwischen sind sie alle. Alle außer diesen Gazellenmenschen aus Kenia, die alles, was über 800 Meter gelaufen wird, gewinnen.

Den Marathonlauf wird eine Frau gewinnen, die das ganze Jahr hindurch rennt, stündlich, täglich, durch sämtliche Länder der Welt, Berge hinauf, Berge hinunter. Wenn man sie fragen würde, wo sie herkommt, könnte sie nur sagen aus welcher Laufrichtung, aber welche Nationalität könnte sie nicht angeben. In jedem Land bekommt sie einen Laufpass. Dort läuft sie durch und hinein ins nächste. Man muss ihr nur irgendwann zurufen, wo die nächsten Spiele stattfinden, damit sie im richtigen Moment, im richtigen Jahr dorthin läuft.

Der Marathonlauf ist ohnehin eine der unsinnigsten Disziplinen, die es gibt, und er ist auch auf genauso unsinnige Weise entstanden. Seine Erfindung geht zurück auf einen wichtigtuerischen Griechen, der vom Ufer aus die Schlacht von Marathon verfolgt hatte, und der, als den persischen Schiffen die Ruder abbrachen, der Erste sein wollte, der das in der Hauptstadt Athen meldet, und lief los.

Es war aber an dem Tage, wie in Griechenland oft, sehr heiß. Sogar brütend heiß. Niemand, der einigermaßen bei Verstand ist, läuft bei diesem Wetter zu Fuß nach Athen!

Er hätte ein Mietpferd nehmen können, also ein Taxi. Man hätte ihm das in Athen bezahlt.

Der Bursche rennt aber los und …? Na ja klar, er kann gerade noch röcheln: »Gewonnen!«, und bricht tot zusammen.

Hätte ihm jeder Arzt vorher sagen können.

Mens ist nicht sana und sano ist nicht in corpore, wenn ich meinem Alter die Hacken zeigen will.

Sitzen bleiben, Freunde, wenn die Gehmuskeln sauer sind. Und wenn dein Fahrrad auf den Großglockner will, und du bist schon über 50, lass es fahren.

Sport ist lebensgefährlich.«

Renate will Beifall von mir. Ich spende ihn. Aber was wird die Gesellschaft für Aktives Altern dazu sagen?

»Wieso? Das ist doch in ihrem Sinn.«

»Ich könnte mir vorstellen, dass diese Gesellschaft von der Fitnessindustrie, angeschlossen die Sportartikelbranche, die wiederum in einer direkten finanziellen Beziehung mit der Pharmaindustrie steht, gesponsert wird.«

»Und was lernen wir daraus?«

»Dass der alte Mensch wieder ein Verkaufsartikel geworden ist!«

Und dann kommt Renate mit der Mitteilung heraus, die sie, während ich den armen Frühwein zerfriggert ins Grab sinken sah, über das Telefon erhalten hat:

Zur Teabag-Time wird uns einer der erfolgreichen Motivationstrainer exklusiv besuchen.

»Es wird sehr teuer für uns«, hat der Mann am Telefon gesagt, »aber wir tun das für Sie!«

Wir sind gerührt.

Aber wir fragen uns, was will ein Motivationstrainer bei uns?

GUTGUTGUTGUTGUUUUT!

Ein zweites Mal sehen wir unseren Garten wie verwandelt. Dort, wo die zerlatschten Blumen waren, steht jetzt eine Tribüne. Es ist nicht zu fassen!

Auf der Straße steht ein Omnibus geparkt mit der Aufschrift »JUBELGRUPPE PINKENBÜHL«. Der Inhalt des Gefährts, so um die sechzig Personen gemischten Alters, sitzt auf der Tribüne in unserem Garten. Davor, also ungefähr dort, wo einmal ein Stück grüner Rasen gewesen ist, befindet sich ein grellgelbes Podium mit adriablauer Einfassung, also mit jenem Blau, das die Adria um 1950 herum noch hatte, bevor die Ölgesellschaften aus Deutschland kamen, die Reisegesellschaften mit der täglichen Badeölausschüttung.

Man bietet uns zwei Ehrenplätze an in der ersten Reihe. Aus zwei Lautsprechern, die in den Bäumen aufgehängt sind, ertönt Stimmungsmusik, die wahrscheinlich bis zum nächsten Ort zu hören ist. Ein Animator tanzt vor uns herum und heizt uns zum Mitklatschen an. Die Leute hinter uns funktionieren bestens. Dazwischen ein Witz: »Wer eine Sau rauslassen will, muss auch wissen, dass eine drin ist!« Lacher!!

Es klappt. »Und jetzt üben wir erst mal den Applaus, wenn der Star die Bühne betritt!«, jauchzt der Anheizer. Das Publikum ist begeistert.

»Aber!«, schreit der Warm-upper (ein neuer Berufszweig, gut bezahlt und karriereträchtig), »das hatten wir gestern schon besser... uuund Applaus!!«

Jetzt kommen die schrillen Juchzer, die Pfiffe, das Trampeln. Musik und die Aufforderung mitzusingen. Der Text sitzt. Dieses Publikum ist nicht zufällig hier, es gehört zur Show.

Renate stößt mich an und zeigt auf die Nachbarhäuser. Die

Leute stehen auf der Straße und liegen in den Fenstern. Es ist uns peinlich.

»Kommt ein Mann ins Kaufhaus und sagt zu der Verkäuferin: ›Ich möchte eine Waschmaschine für meine Frau.‹

›Bedaure‹, sagt die Verkäuferin, ›Tauschgeschäfte machen wir nicht!‹« Krachender Lacher! Der Warm-upper nähert sich seiner Hochform und holt aus zu der gewaltigen Mitteilung, dass nun »der lang erwartete, heiß ersehnte, höchst gerühmte, fabelhafte und erfolgreichste Motivationstrainer Europas, der Spitzenstar der Pinkenbühl-Gruppe Raffael Möller-Stunz von Löhr!!!, Applaus!, die Bühne betritt.«

Nein, dieser Mann betritt nicht die Bühne, der schlägt ein Rad und noch eins und noch eins und steht!

Der Jubel ist unbeschreiblich.

Er breitet die Arme aus und umfängt *seine* Menschen, seine Freunde, reißt seine Jacke auf, hat auf seiner weißen Hemdbrust ein grellrotes Herz gemalt, und aus seinem linken Ohr kommt, wie bei einer Schwarzwälder Uhr, ein Kuckuck heraus. Hinter mir kommt es zu ersten Jubelexzessen.

Und schon setzt er sich in Bewegung, rast nach links, rast nach rechts und schreit:

»Lächeln-lächeln-lächeln-lächeln –

Strahlen-strahlen-strahlen-strahlen!«

Und sein Gesicht verzerrt sich, die Augen werden immer kleiner, aber er lächelt und lächelt und strahlt und strahlt und tanzt und tänzelt und hüpft und springt und stößt unübersetzbare, idiotische Töne aus. Hinter mir sind alle aufgesprungen und machen es ihm nach, dass die Tribüne bedenklich ins Wackeln kommt, während im Hintergrund aus den Lautsprechern Schlaginstrumente den Radau verstärken und in allen Gesichtern dieses Lächeln, dieses debile Lächeln, justiert zu sein scheint.

Dann winkt er ab, der Optimismus-Messias, der natürlich makellos, tadellos, well-looking ist. Sein Gesicht fast viereckig, mit einem Nussknackerkinn, vor dem gewiss sogar Walnüsse Angst haben, und Augen, in denen man Sekt kalt stellen könnte. Lacht er, wird sein Gesicht zum Schaufenster, in dem mindestens fünfzig schneeweiße Zähne ausgestellt werden. Seine Bräune wirkt wie eine gefährliche Hautentzündung.

Man bekommt Angst um seine Gesichtsmuskeln, wenn er dieses Dauerfletschen durchhält. Meine Mutter hatte schon immer gesagt: »Schneid keine Grimassen, Junge, das bleibt dir eines Tages!«

Aber seine Anhänger jaulen vor Begeisterung. Sie sind high. Sie tun, was er will. Sie machen ihre Träume wahr. Jawoll! So wahr ihnen Raffael Möller-Stunz von Löhr helfe. Sie sind toll, sie sind die Besten, sie reißen alles nieder, sie rumpeln alles über – sie werden reicher, immer reicher, von Sekunde zu Sekunde, der Bierbauch ist weg, die Hämorrhoiden schrumpfen, die Blähungen klingen ab, der Schwanz, der Börsenkurs, die Aussichten – alles steigt! Und »Auf!«, schreit Raffael Möller-Stunz von Löhr: »Auf!« Und sie springen auf, und »Hinlegen!«, schreit Raffael Stunz von Löhr zu Möller. »Auf! Hinlegen! Auf, hinlegen!« Und »Leben!«, schreit Raffzahn Strunz zu Löller. Und »Tanzen!«, schreit er. »Im Gleichschritt Marsch!«, schreit er, und sie machen alles mit, da muss kein Hitler da sein, so was kann jeder nächstbeste Idiot, und siehe da, Renate und ich schauen fassungslos zu, wie Raffael Stunzmöller mit dem ganzen Haufen den Garten verlässt und eine Polonaise um das Häuserviertel beginnt und vorneweg mit flatternden Erfolgsohren rennt und schreit:

»Gleich sind wir reich. Gleich sind wir reich.
Ich strahl' was aus – du strahlst was aus –
wir strahlen was aus – ihr strahlt was aus!
Aus mit der Maus, raus aus dem Haus
und lächeln!«

Nach einer Stunde ist der Spuk vorbei.

Carmen Pietsch macht die Absage:

»Das, liebe Zuschauerinnen und Zuschauer, war ein Beitrag zu der Aktion Aktiv altern aus dem Senioren-Container.«

NACHTBUCHEINTRAGUNG 23.00 UHR

Gespensterhaft, dieser Stuss vom Stunz.

Habe angerufen, was man zahlen muss, wenn man zu so einem Optimismus-Symposion will.

850 Mark.

Ist eine Großveranstaltung. 2000 Personen. Mit saftigen Preisen, wie man hört. So ein Trainer geht mit ein paar hunderttausend Mark aus der Halle.

Alle sind froh, dass sie ihr Geld loswerden. Er ist froh, dass er's hat.

Das macht Laune!

Kein Wunder, dass er ins Hüpfen kommt.

Wie war das noch vor 150 Jahren?

Da konnte man den Bauern Schmierseife gegen Rheumatismus verkaufen.

Die Bauern sind jetzt klüger geworden.

Die Dummheit verbirgt sich in den Bürgerhäusern.

Man hat's geahnt: Die Idee, Akademiker zu werden, reicht nicht für ein ganzes Leben.

Heute heißt es: Man muss Pfeffer im Arsch haben!

Wer um Gottes willen will das?

Ist das gesund?

Fragen Sie Ihren Apotheker.

DIE ENTFALTUNG

Renate hat ein schlechtes Gewissen. Sie hat etwas in meinem Namen entschieden, ohne vorher die Mehrheit im »Familienparlament« einzuholen.

Das deutet sie mir an, und ich verweise streng auf die Geschäftsordnung. Laut unserer FGO, also der Familiengeschäftsordnung, müssen die beiden Fraktionen, gemeint sind sie und ich, in eine Debatte über das zu Beschließende eintreten. Es entscheidet die einfache Mehrheit.

Der zu besprechende TOP ist die etwas merkwürdige Einladung zu einem Abendessen seitens der ORA-TV, und zwar schon heute. Renate sagt etwas kleinlaut: »Ich dachte, es wäre doch schön, wieder mal draußen zum Essen zu gehen.«

»Mit wem?«

»Na, mit diesem Dr. Dings... du weißt schon.«

»Ich weiß gar nichts. Dr. Dings kenne ich eine Menge. Ich kenne inzwischen viel mehr Leute, die Dings heißen, als solche mit richtigen Namen.«

»Na, der hier im Garten war.«

»Der Dr. Grundwasser?«

»Birkenwasser! Merk's dir doch endlich.«

»Wieso willst du mit diesem Stinkwasser essen gehen?«

»Er hat etwas ganz Intimes mit uns zu besprechen.«

»Der? Mit uns Intimes? Vergiss es. Dem würde ich nicht einmal verraten, wo ich wohne.«

»Wenn er's nicht schon so genau wüsste.«

Ich breche die Debatte ab. Wir gehen essen heute Abend. Sie hat die einfache Mehrheit.

Nefzella, der Knüppel, hat sich sein eines Haar gekämmt, es liegt mit Spray befestigt quer über dem Kopf. Der Knüppel fährt uns heute Abend. Roggenstroh hat sich krankgemeldet. Da schau her. Der Junge hat Charakter. Falsch fahren können wir nicht. Der Wagen hat einen Navigator. Eine Frauenstimme, die mir bekannt vorkommt, weist ihm den Weg: »200 Meter – dann rechts abbiegen – an der nächsten Kreuzung links«, und bei solchen Fahrten hoffe ich immer, dass die Stimme plötzlich sagt: »Mist, verdammter. Falsch. Umdrehen – noch mal von vorn.«

Wo werden wir essen?

Ein Restaurant mit Stern oder mit zwei oder mehr? Mit fünf Kochmützen, drei Löffeln oder mit zwei Kloschüsseln?

Ich frage Knüppel. Er sagt: »Chinese.«

Das muss einem einfallen. Es gibt viele Menschen, die in ihrem bisherigen Leben gar nichts anderes mehr kennen gelernt haben. Für die heißt essen gehen »Chinese«.

Knüppel kann übrigens keine zusammenhängenden Sätze sprechen. Wenn man ihn fragt, wie's ihm geht, zeigt er auf den Bauch, verzieht das Gesicht und sagt: »Magen.« Als ich ihn einmal fragte, was er von seinem Job hält bei der Firma ORA-TV, hat er geantwortet: »Arbeit na ja. Geld. Wenig. Reicht schon.«

Er öffnet Renate sogar die Autotür, hält die Tür zum »Shanghai« auf, schaut rein und sagt: »Lokal leer.« Unser Wassermann ist noch nicht da.

Der Tisch ist bestellt. Wir studieren schon mal die Speisekarte.

Renate meint, es muss irgendwo in der Stadt eine chinesische Zentralküche geben, wo Enten und Frühlingsrollen und Glasnudeln in Container gepackt werden und an die »Pekings« und »Hongkongs« verteilt werden. Ich glaube auch nicht, dass in den China-Restaurants wirklich gekocht wird. Ich nehme an, sie erzeugen mit heißem Wasser Dampf in den Küchen-Attrappen und machen hin und wieder die Tür auf, damit wir an Köche in den Küchen glauben.

Diese so genannten Restaurants sind wahrscheinlich Menschenbereitstellungszentralen für die spätere Weltrevolution. Renate bemerkt, Herr Dr. Birkenwasser hätte soeben das Lokal betreten. Mit ihm ein zweiter Herr, der, von unserem Tisch aus gesehen, wie der Arbiter elegantiarum persönlich aussieht. Edles Einstecktuch zum feinen Schlips, zweireihiger Anzug, schnittige Brille, der Haaransatz etwas zurückgelegt, also golfartig.

Birkenwasser schreitet auf uns zu, und da fällt es mir auf. Ich kann gerade noch Renate anstoßen und flüstern:

»Renate! Kuck mal, wie der geht.«

»Verehrte gnädige Frau«, orgelt Birkenwasser, hebt sittsam ihre Hand zu einem Handkuss und deutet auf seinen Begleiter: »Darf ich Ihnen Herrn Dr. Grützmoser vorstellen?« Wir nehmen Platz, bestellen das Übliche und reden mal so hin, dann mal so her, das Essen kommt, wir reden mal darüber, dann darüber, über unsere erfreulichen Einschaltquoten, und ich warte, was dieser Herr uns zu sagen hat.

Einige Komplimente bekommt Renate noch für ihr Aussehen, auch für ihre, wie Birkenwasser sagt, »höchst eigenwillige« Beurteilung des Sports an sich, was natürlich zu Protesten von diversen Sportverbänden geführt habe beziehungsweise deren Sponsoren, was man schon sehr ernst nehmen müsse... Renate tritt mich. Ich habe schon aufgepasst.

Dr. Grützmoser sagt, er jedenfalls habe sehr darüber lachen können, denn er habe nie Sport getrieben, stehe auch den Auswirkungen des Spitzensports höchst skeptisch gegenüber.

Birkenwasser nickt. Er treibe auch keinen Sport, meint er. Das glaube ich ihm sofort.

Er hat offensichtlich seine Keuschheits- und Geißelwoche. So schmerzverzerrt wie er geht, trägt er im Augenblick den

Keuschheitsgürtel mit den nach innen gewendeten Noppen zur Reduzierung des Geschlechtstriebes.

Wenn, wie es heißt, sogar der Bayerische Rundfunk immer vergürtelter wird, dann liegt das bei einem Sender wie ORA-TV doch nahe.

Die Frage bei dem BR ist natürlich, ob es eine geheime Koalition von Opus Dei mit den Scientologen gibt, oder ob man es schafft, die aufeinander zu hetzen.

Um ehrlich zu sein, ich sehe in Gedanken einen doppelt und dreifachen Whisky vor mir stehen und dazu den Birkenwasser beim Duschen mit dem Noppengürtel.

Renate tippt mich an. Ich habe wohl etwas überhört. Ich muss mich entschuldigen. »Ich habe jetzt nicht zugehört. War mit meinen Gedanken woanders. Was ist los?«

Renate sagt, mühsam beherrscht: »Die beiden Herren haben mir den Vorschlag gemacht, eine Schlupfliderkorrektur vornehmen zu lassen.«

»Eine was?«

»Eine Schlupfliderkorrektur.« Sie zeigt mir das Augendach, in dem eine Welle zu viel drin ist. Man könnte sie herausnehmen und dadurch jugendlicher wirkende Augen haben. Dr. Grützmoser, stellt sich heraus, ist ein höchst erfolgreicher Schönheitschirurg. Und jetzt erinnere ich mich, dass er in den Gesellschaftsspalten hie und da erscheint, wo er wie Möller-Stunz von Löhr in die Kameras hineinzahnt.

Grützmoser gerät in Entzücken über sich und seine Erfolge. »Ich kann, gnädige Frau, Menschen so reparieren, so schön machen, dass sie nachher niemand mehr erkennt.« Birkenwasser schaltet sich ein und erklärt, dass amerikanische Schauspielerinnen Verträge unterschrieben haben, nach denen sie verpflichtet sind, alle zehn Jahre ein Face-Lifting machen zu lassen. Und das beginnt, sagt er, inzwischen bereits mit dem 30. Lebensjahr!

Ich frage ihn, ob das nicht ein Widerspruch in sich ist, einerseits ältere Menschen in ihrem Haus zu beobachten, andererseits sie aber heimlich jünger zu machen.

Birkenwasser ist darauf vorbereitet. Er erklärt, dass es gerade darauf ankomme, die älteren Menschen »draußen an den Apparaten« zu überzeugen, dass man für das Jungbleiben etwas tun könne.

Renate wirft ein: »Im Sinne der mächtigen Kosmetik-Lobby ist das sicher sinnvoll.«

Birkenwasser schüttelt das Argument ab, nimmt es einfach nicht zur Kenntnis.

Er, der Schlupfliderwegmacher, denkt bereits weiter. Er gibt zu bedenken, wenn man schon damit anfange, wäre es doch praktisch, gleich ein ganzes Face-Lifting…

Renate unterbricht ihn: »Was Sie nicht wissen können, ich habe viele Jahre lang große amerikanische Schauspielerinnen synchronisiert. Sie haben Recht. Bei jedem neuen Film waren die Damen jünger als ein paar Jahre zuvor. Man merkte nur, dass die Haut angespannter war, was sich daran zeigte, dass die Augen immer kleiner geworden waren und sich mehr in die Breite zogen. Beim letzten Mal hatte eine dieser Damen ihr Rollenfach geändert.«

Grützmoser ist gespannt. »Und was spielt sie jetzt?«

Renate: »Chinesinnen.«

Grützmoser lacht etwas zu locker und bringt sein ganzes Redetalent zum Einsatz: »Liebe gnädige Frau! Wir machen einen Schnitt, ganz leicht, ganz elegant hier über den Augen, dann die Wangen auf beiden Seiten herunter, sodann knapp über dem Kinn, klappen diesen Hautteil herunter, entfernen das, was, sagen wir, zu viel ist, klappen es wieder hoch, nähen es wieder ein… Moment, wir könnten natürlich noch etwas mehr tun, wir lassen die lästigen Labialfalten um den Mund verschwinden, nehmen einige Fette und unterspritzen damit diese Region, damit fahren wir Ihr Gesicht um mindestens zehn Jahre zurück. Aber wenn wir schon dabei sind, sollten wir nicht versäumen, die Lippen etwas aufzublasen, den Hals zu entfalten und eventuell, verzeihen Sie, auch den Busen an die alte Stelle zu bringen. Während wir das tun, könnte mein Assistent mühelos das Bauchfett absaugen, und danach...«

Renate: »...falle ich wieder unter das Jugendschutzgesetz.« Sie steht auf, fragt mich kurz: »Kommst du mit?«, und verlässt das Restaurant. An der Türe drehe ich mich um und frage neugierig: »Und ich?«

Dr. Birkenwasser sagt mürrisch: »Sie? Sie können so bleiben.«

FRAU WONNEBERGER KAUFT
EIN ALTENHEIM

In absehbarer Zeit werden Renate und ich unsere Serienexposés vorlegen müssen. Ein Gremium tritt zusammen und fällt ein Urteil, das dann durch das Urteil der Zuschauer unterstützt werden soll.

Renate hat sich eine Frau Wonneberger ausgedacht, die auf den Zug der Zeit aufgesprungen ist und ihre höchst geräumige Villa zu einem privaten Altenheim machen möchte. Noch ist die Zeit nicht reif dafür, aber alles sieht danach aus, dass die Kommunen des Altenproblems nicht mehr Herr werden.

Genervte Kommunalpolitiker sind im Prinzip nicht dagegen, die Willkür des städtischen Altersheims mit der Willkür der privaten Seniorenresidenz zu tauschen.

Man hätte nicht mehr die Verpflichtung der Kontrolle, müsste sicherlich noch eine Weile subventionieren, könnte aber die Hoffnung hegen, dass das Objekt der privatwirtschaftlichen Versorgungsbemühungen einmal schwarze Zahlen schreibt.

Frau Wonneberger betreibt bereits heimlich, quasi als Pilotprojekt, ein Heim, in dem sieben alte Damen und drei ältere Herren vier kleine Zimmerchen im Parterre bewohnen. Frau Wonnebergers Werbung war sehr diskret und richtete sich an Menschen, die schon völlig verzweifelt waren, als man sie ansprach.

Die Nachbarn der Frau Wonneberger wurden von ihr dahingehend informiert, dass sie aus lauter Sorge und Güte alle ihre armen Brüder und Schwestern aus dem Osten zu sich geholt habe.

»Das ist eine gewagte Konstruktion«, sage ich zu Renate, »denn so ein Haus steht in der Stadt, es gehen Leute drum herum, der Briefträger kommt, der Stromableser, die Müllabfuhr, Leute mit dem *Wachtturm* stehen davor. Die sind alle neugierig.«

»Jaa doch!« Renate ist ungeduldig. »Ich habe noch gar nicht angefangen, da zerredest du mir schon die Story.«

»Aber die Nachbarn merken doch ganz schnell, dass da was faul ist, bei deiner Frau Wonneberger.«

»Dann hat sie eben ein Wasserschloss. Ein altes, fast verfallenes. Das hat sie von ihrem Mann. Alter Familienbesitz aus der Zeit, als Industrielle noch Wasserschlösser hatten.«

»Und wo ist der, was macht der?«

»Der lebt nicht mehr. Der hat sich vorübergehend das Leben genommen.«

»Vorübergehend das Leben genommen. Man nimmt sich nicht vorübergehend...«

»Ja, ich weiß. Sei doch nicht immer so eng! Ich kann diesen blöden Mann...«

»Wieso blöde? Du kennst ihn doch gar nicht.«

»Ich will ihn auch gar nicht erst kennen lernen. Ich kann ihn in der Serie nicht gebrauchen.«

»Wieso nicht?«

»Wieso nicht – wieso nicht! Ich brauche die Wonneberger noch in einem anderen Bett.«

»Ja und? Dann geht sie eben fremd.«

»Meine Frau Wonneberger geht nicht fremd! Basta. Der Mann ist tot. Ist beim Billardspielen erschlagen worden.«

»Seit wann stirbt man beim Billardspielen?«

»Ich bringe meine Leute in meiner Serie um, wie ich will!«

»Gut. Aber wo willst du denn in dieser Gegend ein Wasserschloss unterbringen?«

»Bei Wasserburg. Und das hat eine Zugbrücke, und wenn die Wonneberger nicht will, dass man ihr nachschnüffelt, dann zieht sie die Zugbrücke hoch. So.«

»Renate. Was machen die armen alten Leute in einem Wasserschloss mit einer hochgezogenen Zugbrücke?«

»Sie fühlen sich sicher vor der Pflegebereitschaft der zugelassenen Altenheime.«

Renate hat ihre eigene Logik.

»Und«, sagt sie, »du wirst staunen, wie es weitergeht.«

»Wie denn?«

»Weiß ich noch nicht.«

DAS FERNSEHEN ARBEITET
AN SEINER VERGANGENHEIT

Jo, Cem und Eric lachen gern über Renate, wenn sie einen Wutanfall hat. Sie schreit dann in hohem Diskant und trommelt mit den Fäusten auf mir herum.

Heute war ich nicht der Anlass.

Erregt hat sie sich, dass bei einer Wiederholung der legendären TV-Aufzeichnung von *Der Widerspenstigen Zähmung* mit Klaus Maria Brandauer und Christine Ostermayer am Schluss nicht mehr gelesen werden konnte, wer neben den beiden Hauptdarstellern noch mitgespielt hatte, wer an der Kamera war, wer Regie geführt hat. Es gab praktisch keinen Abspann mehr. Die Stabliste rutschte durch, nichts war mehr zu erkennen. Und nun spuckt sie Gift und Galle.

»Es ist eine Frechheit und eine Rücksichtslosigkeit den Zuschauern gegenüber, den Schauspielern gegenüber, der Technik gegenüber, allen denen gegenüber, die dieses wirkliche Kunstwerk einmal hergestellt haben.

Welcher Sender auch immer dafür verantwortlich ist, er sollte sich für diese Banausenhaltung zu Tode schämen. Es ist kulturlos, es ist dumm, es ist rücksichtslos, und es ist ein Beweis dafür, welche Rolle das Fernsehen im Geistesleben freiwillig zu spielen gedenkt. Man sollte den Fernsehapparat sofort durch das Fenster auf die Straße schleudern. Ich habe dabei nur die Angst, dass man den einzigen Menschen auf den Kopf trifft, der noch Bücher liest.«

Renate vergisst, dass das Fernsehen mit Kunst nichts mehr zu tun haben will. Es zeigt die Zeugnisse früherer geistiger Verirrungen nur noch verschämt. Man hatte sich getäuscht: Die Fernsehspiele von Egon Monk, Rolf Hädrich oder Axel Corti waren Bestrebungen in der falschen Richtung.

Am grünen Strand der Spree, *Die Sendung der Lysistrata* (eine Kortner-Inszenierung mit Romy Schneider und Wolfgang Kieling), oder *Der Schlaf der Gerechten* (nach Albrecht Goes) mit Hilde Krahl, *Die Geschwister Oppermann*, *Im Westen nichts Neues*, *Bauern, Bonzen und Bomben*, viele Meisterwerke der Fernsehspielkunst werden selten oder gar nicht wiederholt.

Auf der anderen Seite entkommt man keinem noch so öden UFA-Lustspielfilm aus den Dreißigerjahren.

Das Muhen der Almkühe aus den verstaubtesten Heimat- und Bergmelodramen mit Hansi Knotek und Viktor Stahl dröhnt sonntags durch die Räume, der albernste Rühmann-Film darf nicht im Archiv seine wohlverdiente Ruhe behalten. Quatsch, Kitsch und Tralala rauschen durch die Räume, aber die *Lysistrata* ist es nicht wert, ins Programm gestellt zu werden. Das politische Drumherum damals war spektakulär. Die CDU und natürlich auch die CSU entfachten eine Kampagne gegen dieses Fernsehspiel. Aristophanes, der böse Autor, war der Schuldige.

Unter der Leitung der verschwörerischen, staatsfeindlichen Lysistrata verweigerten die Athener Frauen ihren Männern die Liebe im Bett, als sie in den Krieg ziehen wollten. Sie streikten körperlich!

Der damalige Fernsehdirektor des BR, Dr. Clemens Münster, hatte ärgste Bedenken gegen dieses plump-pazifistische Stück: »Nicht fernsehtauglich!« Auch der CSU-Kultusminister Theodor Maunz, der als bekennender Nationalsozialist nach 1945 sein Damaskus-Erlebnis hatte und streng bekennender Katholik wurde, erregte sich in lächerlicher Weise. Einer Wiederholung dieses Werkes werden wir wohl nicht entgegensehen können. Kommt ja nun auch darauf an, wem es heute gehört. In solchen Fällen liegt die Antwort immer nahe: In dubio pro Leo. Kirch hin, Kirch her – es war natürlich auch zu obszön für diese prüde Zeit.

Renate wird ungeduldig, möchte endlich ins Bett gehen und sagt: »Mach's kurz!«

»Ja doch. Also die Verweigerung der Frauen ihren kriegslüsternen Männern gegenüber war in den Zeiten der Wiederbewaffnung ein Politikum. Die Frauen sagten damals ...«

Renate: »Heute würden sie sagen: Fuck yourself.«

Und Jo hinter der Kamera: »Is anjekommen. Is schon Werbung uff de Scheibe.«

FIRNHOLZER oder
DIE LEIDENSCHAFT DES DIENENS

Soll ich ihr wirklich vorlesen, wie ich meinen Firnholzer anlege? Sie zeigt so wenig Bereitschaft, begeistert zu sein über das, was mir so einfällt.

Schlechte Laune hat sie. Das Fastfoodfrühstück von der ORA-TV geht ihr zunehmend auf die Nerven.

Heute Morgen hat sie tatsächlich mit der Faust das kalte harte Ei zertrümmert und ganz nebenbei gesagt: »Hoppla.«

Kein Mensch hat bislang versucht, unser Schlafzimmer zu reparieren, niemand hat versucht, unseren Garten wiederherzustellen.

Die Pietsch schleicht vorsichtig um uns herum.

Nefzella und Roggenstroh haben sich in unserem Fremdenzimmer eingenistet.

Heute Morgen um sechs, als ich versucht habe, lautlos meinen Whisky aus dem Besenschrank zu holen, was mir auch gelungen ist, habe ich in dem Schrank eine Wanze entdeckt. Vermutlich mit Richtstrahler, wie die Stasi sie hatte.

Als ich hörte, dass Roggenstroh und Nefzella aus dem Haus gingen, um das Auto zu waschen, habe ich sie im Fremdenzimmer deponiert. Dann habe ich den Whisky mit Wasser verdünnt und bin wieder schlafen gegangen. Doch eine halbe Stunde später bin ich wieder aufgewacht.

Es ist nicht zu glauben! Sie dulden es nicht, dass wir eine Zuflucht haben, eine kamerafreie Zone: die Küche.

Und mir wird es immer klarer: Sie proben mit uns den totalen Überwachungsstatus des Bürgers. Der Containergedanke spielt überhaupt keine Rolle. Das schützen sie vor. Die HÖWEI, so viel ist klar, sitzt nicht in Holland, sondern in Pullach oder in irgendeinem ähnlichen Nest, wo die Fäden zusammenlaufen.

Renate steht auf einmal hinter mir und schaut in mein Manuskript. »Ach nee, du schreibst noch die alte Drehbuchart?«

»Ja. Linke Seite, was man sieht, rechte Seite, was man hört.«

»Wie vor 50 Jahren. Ist ja ulkig.«

FIRNHOLZER

Innen/Nacht   *Sanfte Salonmusik*

In einem prächtig ausgestatteten
Raum steht eine reich gedeckte
Tafel, silberne Bestecke, Kerzen,
Blumen, schimmernde Gläser,
edles Porzellan. Die Kamera fährt
die lange Tafel ab, wirft einen
kurzen Blick auf den dicken,
kostbaren Teppich, dann Heranfahrt
auf das Bild eines streng blickenden
Herrn aus dem vermutlich vorigen
Jahrhundert, offenbar einem
Vorfahren. / Schnitt /

Am unteren Teil der Tafel erkennt
man einen Herrn, dunkel
gekleidet, mit rötlichen Haaren, die
so kurz geschnitten sind, dass auf
der Schläfenplattform nur mit
Mühe ein Scheitel möglich ist. Er
trägt eine winzig kleine Brille, hat
niedliche, aber abstehende Ohren,
kleine, flinke Augen und am linken
Nasenflügel, die Nase strebt nach
oben, eine Warze, wie ein Piercing.
Sein Hemd ist blendend weiß,
gestärkt, seine Krawatte ist
pinkfarben, passend zu einer Art
Trachtensmoking. Ein Münchner
Oberkellner der gehobenen Art. Im
Bemühen, ein Besteck ordentlicher
zu platzieren, stößt er ein Glas um,
das zerbricht. Er beschaut ärgerlich
das Malheur und sagt: Firnholzer: Öha!

Renate hat es gelesen und lacht glockenhell. Der Spott klingt
durch.

»Ach Gott, solche Drehbücher hat man geschrieben, als Maria Schell und O. W. Fischer das deutsche Filmliebespaar waren.
Schau meins an, das ist viel unkomplizierter.«

Frau Wonneberger lässt die Zugbrücke herunter, denn Frau
Zwergmelder kommt von ihrem Spaziergang zurück. Sie darf
hinaus, weil sie schon etwas verwirrt ist und vor Jahren schon
beschlossen hat, kein Wort mehr zu sprechen. Ihr Mann, der
Pferdepfleger auf einer Trabrennbahn gewesen ist, hat ihretwe-

gen seinen Beruf aufgegeben und ist zur Fremdenlegion gegangen.

Frau Wonneberger: Kommen Sie rein, Sie alte Schlampe! Sie haben heute Nacht wieder ins Bett gemacht. Für die nächste Zeit ist der Ausgang gestrichen.

Frau Zwergmelder: (Schweigt.)

»Siehst du, so schreibt man heute Drehbücher!«

Es geht nicht anders, ich muss eingreifen, obgleich ich weiß, dass ich sie verärgere, aber ich kann ihre Geschichte so nicht zulassen: »Meinst du nicht, dass du deine Geschichte nicht etwas überfrachtest mit außergewöhnlichen Eindrücken? Nein, nein, bitte sei mir nicht böse, es ist zu viel. Auf den ersten zwei Seiten ein Wasserschloss, eine Zugbrücke, dann eine meschuggene sprachlose Frau mit dem Namen Zwergmelder, ein Pferdepfleger *und* Fremdenlegion. Zu viel!«

Das findet sie gar nicht.

»So müssen heute Drehbücher für das TV-Publikum sein. Das hat man mir gesagt.«

»Da musst du was falsch verstanden haben. Renate, das ist kein Juxthema. Es handelt sich um hilflose, alte Menschen, deren letzte Zuflucht das Heim der Frau Wonneberger ist.«

»Musst du mir das erklären? Ich habe die Serie ›Nachts auf dem Polenstrich‹ geschrieben. Weißt du eigentlich, warum das nie gelaufen ist?«

»Weiß ich nicht mehr. Ein paar Redakteure haben es dir zerrissen, aber warum weiß ich nicht mehr.«

»Sie haben gesagt, die Serie müsste am Tage spielen, nachts kommt nicht an.«

»Zu teuer, klar.«

»Und da hat mir der alte Fuchs Dietmar gesagt, es muss gleich Volldampf losgehen. Nachher kann man's wieder weglassen.

Achterbahn – Rockkonzert – Fememord, und ein Mann muss mit flackernden Augen sagen: ›Hier kommen wir nicht mehr raus.‹«

»Aber doch nicht im Altenheim. Da herrscht eine andere Hektik. Der Pfleger kommt, schaut auf die Uhr. Er hat genau sieben Minuten, um sein Pflegeobjekt zu waschen, zu kämmen, zu füttern und moralisch aufzurichten, vielleicht einmal über den Kopf zu streichen, Tränen zu trocknen und eine schöne Geschichte zu erzählen, zu lügen, dass Sohn oder Tochter bald zu Besuch kommen wird, hat aber kurz zuvor von der Heimleitung erfahren, dass die Mittel gekürzt werden, dass die Pflegezeit nur noch vier Minuten betragen wird.«

»Das will doch keiner sehen.«

»Hören auch nicht.«

»Aber den Satz kann ich unterbringen.«

»Welchen?«

»Hier kommen wir nicht mehr raus.«

»Ja, der passt.«

Renate weiter:

»An meiner Frau Wonneberger hänge ich. Die sehe ich richtig vor mir: 1,80 groß, mit einer einladenden Büste ...«

»Ausladenden, meinst du.«

»Mensch, sie hat einen tollen Busen und lässt ihn wackeln, wenn sie schreitet. Sie läuft nicht, sie geht nicht, sie schreitet. Sie ist 50, trägt die Haare kurz und die teuren Klamotten lässig. Die Augen hat sie zum Schönschauen.«

»Haarfarbe?«

»Wechselnd.«

»Und wie kommt diese überalterte Lolita zu einem Altenheim?«

»Sie hatte ein Verhältnis mit einem Gerontologen. Mit Professor Kuhn-Königheim. Der hat ihr den Tipp gegeben. Private

Altenheime kaufen, hat er gesagt, das hat Zukunft. Der Mann wusste, wovon er sprach. Sie hat inzwischen drei.«

»Jetzt übertreibst du.«

»Nein. Kuhn-Königheim hat das prophezeit.«

»Und der sitzt jetzt selber in einem Heim. Alt und hilflos.«

»Jetzt bist du es, der übertreibt. Nein, Kuhn-Königheim ist tot.«

»Beim Billard mit dem Queue erschlagen.«

»Nein, beim Liebesspiel. Mit der Wonneberger. Man musste ihn mit dem Kran von ihr runterheben.«

»Renate!«

»Okay. Der Schlag hat ihn getroffen. Bei einem Klassentreffen.«

»Wieso bei einem Klassentreffen?«

»Weil er gemerkt hat, dass er der Einzige ist.«

NACHTBUCHEINTRAGUNG 0.12 UHR

Schwere Bedenken bei Renates Serienaufriss.

Wirkt zynisch. Bei aller Realitätsnähe.

Es handelt sich schließlich um ein bayerisches Altenheim. Renate beschreibt ein Preußenasyl.

Die Wonneberger! Eine rein preußische Lustnummer.

Der Birkenwasser wird wie ein Hund aufjaulen, den man auf den Schwanz getreten hat. Birkenwasser von Opus Dei.

Dei ist ein Genitiv. Kommt von deus. Gott.

Bayern mögen Genitive nicht sonderlich.

Sie genießen förmlich ihre anerkannte Straffreiheit bei der Benutzung der deutschen Sprache.

Beispiel:

Will er sagen, dass die Bayern das Größte san, wo gibt auf dem Planeten, missbraucht er einen Nominativ als Dativ und ruft: »MIR san MIR!«

Und bei dem Wort MIR wissen wir doch schon aus der Raumfahrt…

…wie das enden kann.

MESSAGE MESSAGE MESSAGE MESSAGE

Die Nacht ist zu Ende. Die Hausglocke schreit. Was ist wieder los? Brennt das ganze Haus? Wo kochen Nefzella und Roggenstroh? Ist der Keller voll Wasser?

Durch den Vorhang sehe ich einen Kleinbus mit dieser Alarmfarbe. TELEKOM! Man hat mir gesagt, wenn Telekom klingelt, verriegele sofort das Haus. Nichts ist mehr, wie es war, wenn sie wieder rausgehen. Lass dich nicht auf sie ein!

Die Pietsch lässt sie rein. Drei Männer, die ganz harmlos aussehen.

Ich höre, wie sie in die Küche gehen. Da fällt mir ein: die Wanze! Sie hatten keinen Kontakt mehr mit uns. Sie hören uns ab, sie schöpfen uns ab. Wie die Stasi. Das steht nicht im Vertrag.

Keine Ahnung, was die Gesetze dazu sagen. Aber es wird zunehmend gelauscht. Die Abhörrate steigt in Deutschland doppelt so schnell wie die Kriminalitätsrate. Und wenn sie sinken würde, ist mit Sicherheit anzunehmen, dass die Zahl der Lauschangriffe trotzdem weiterstiege. Wir sind Spitzenreiter in Europa! Die Richter frohlocken.

Bei 80 Delikten (achtzig!) darf inzwischen abgehört werden.

Renate habe ich gar nichts von der Wanze gesagt. Sie meint, dass sie zu ihr kommen wegen des Einbaus von ISDN, oder wie das heißt, wegen der Vervollkommnung ihres Informationszentrums in meinem Arbeitszimmer. Tag und Nacht leuchtet dort ein Rotlicht, es macht merkwürdige Geräusche, manchmal denke ich fast, ich hätte in der Nacht gehört, dass der Computer nach Renate ruft.

Aha, jetzt kommen sie die Treppe rauf. Renate begrüßt sie. Ich lasse sie machen. Mir ist das alles unheimlich, ich gehe wieder ins Bett.

Ich höre Renates fragende, wissbegierige Stimme und dann die brummige Antwort des Rottenführers von dieser Besserwissertruppe. Überlegen klingt es. Unangenehm.

Bei meinen verdammt vielen Hotelaufenthalten, manchmal habe ich das Gefühl, dass ich meinem Koffer hinterherreise, ist mir aufgefallen, dass das Hotelpersonal in zunehmendem Maße seinem eigenen Informationssystem nicht gewachsen ist. Erfahrung hat an den Rezeptionen kaum einer, weil er sie gar nicht sammeln kann. Bevor er das System in diesem Hause begreift, wird er schon wieder versetzt. In eine andere Stadt, ein anderes Hotel derselben Hotelkette.

Ein kettenfreies Hotel gibt es kaum mehr.

Wobei man sich aber auch nicht an dem Namen der Kette orientieren kann. Das Hotel untersteht zwar derselben Konzernverwaltung, aber der Name der Kette ändert sich alle zwei Jahre. Das riecht nach Betrug, aber ich habe mir sagen lassen, das würde täuschen. Wer wen täuscht, habe ich nicht in Erfahrung bringen können.

Alle Ketten haben ein dynamisches Verjüngungsprogramm »durchgezogen«. Die alten erfahrenen Hotelportiers gibt es nur noch vereinzelt. In den meisten Fällen stehen an den Countern blühend junge, gut aussehende Angestellte, die täglich Unheil unter den Gästen anrichten, Verwirrung stiften, unhöflich sind und falsche Auskünfte geben. Kannte man früher die Damen, die das Zimmer aufräumten, führte familiäre Gespräche mit ihnen, tauschte mit ihnen Erlebnisse aus, so sieht man heute rasende Putztruppen, die im Akkordlohn stehen – acht bis neun Mark pro gesäubertes Zimmer – und keine Minute Zeit für ein Gespräch haben. Man kann es ihnen nicht übel nehmen. Wahrscheinlich reinigt so eine Kolonne sieben bis acht Hotels pro Tag.

Als ich zum ersten Mal ein Hotelzimmer betrat, in dem ein neues Informationssystem installiert worden war, erschien auf dem Fernsehschirm ein Begrüßungstext (ich übertreibe jetzt vielleicht ein ganz klein wenig):

»Herr H., geboren in B., wohnhaft in M. Telefon: xxxxxxx Handy: xxxxx Deutsche Allgemeine Krankenkasse Köln – Filialversicherungs-Nr.: xxxxxxxxx

Steuer-Nr. beim Finanzamt in M.: xxxxx

Beruf: Autor

Konfession: evangelisch

Autokennzeichen: xxxxxxxx

Gesundheitlicher Zustand: Cholesterinwerte bedenklich. Herztätigkeit normal.

Kurzsichtig. Links minus 8 – rechts minus 9

Teilnehmer Krieg II – Auszeichnungen: keine

Bausparkassenvertrag 1976. Eingelöst.

Wohnung in M. Reihenhaushälfte.

Lt. Auskunft von Nachbarn: Verträglich. Keine besonderen Vork.

Gegenwärtiger Schuldenstand: Sie haben versäumt, die Kaminkehrerrechnung vom 21. April zu bezahlen.

Ihr Alkoholkonsum nähert sich dem roten Bereich.

Wir begrüßen Sie herzlich.

Sie haben eine Message.

Drücken sie die entsprechende Taste auf Ihrem Telefon.«

Ich drücke, hebe ab.

Eine Frauenstimme sagt quäkend im Roboterton:

»Sie ha-ben Nach-richten-eine.

Wählen Sie die 1, um zu hören – wählen Sie die 2, um sie zu speichern – wählen Sie die 3, um sie zu löschen.«

Ich wähle die 1. Die Stimme sagt mit einer falschen Fröhlichkeit:

»Hier ist Ihr Voice-Link-System. Sie haben Nachrichten eine. Wählen Sie die 1, um zu hören – wählen Sie die 2, um sie zu speichern – wählen Sie die 3, um sie zu löschen.«

Ich bin genervt, ich wähle die 3, ich will nichts mehr hören. Auf dem Fernsehschirm erscheint eine Leuchtschrift:

»Sie haben eine Message!«

Ich drücke auf die Austaste, will den Fernsehapparat ausschalten. Es geht nicht. Er läuft weiter und blinkt. Am Telefon leuchtet die rote Taste wieder auf und blinkt.

Message Message Message.

Ich drücke auf die Messagetaste. Die Stimme:

»Hier ist Ihr Voice-Link-System. Sie haben Nachrichten zwei. Wählen Sie die 1, um zu hören...«

Ich haue den Hörer auf die Gabel. Das Telefon läutet. Ich eile und nehme in der Hoffnung auf eine menschliche Stimme den Hörer ab.

Doch wieder dies:

»Sie haben Nachrichten drei. Wählen Sie die 1, um zu hören...«

Ich rufe die Rezeption an, teile mit, dass ich alles, was man mir rät, getan habe, aber die Message beschäftigt das Telefon, den Fernsehapparat und mich. Was ist zu tun?

Die sagt: »Fernseher ausstellen.«

»Habe ich getan, geht nicht aus.«

»Wir werden hier unten schauen, drücken Sie noch einmal den Messageknopf.«

Ich drücke.

Die Stimme:

»Sie haben Nachrichten sie-ben. Wählen Sie die 1, um zu hören...«

Die Rezeption sagt, sie wüsste auch nicht, es käme gleich jemand. Es kommt tatsächlich jemand. Er schaut, sagt, dass er noch nicht lange im Haus sei, drückt irgendwo und meint, nun müsste es weg sein.

Kurz darauf sehe ich das rote Aufleuchten der Messagetaste, ich hebe ab: »Sie haben Nachrichten vier...«

Es geht vorwärts, und ich drücke die Zahl 3, um zu löschen.

»Sie haben Nachrichten sie-ben...«

Es genügt. Ich nehme den Hörer ab und werfe ihn neben den Apparat. In dem Augenblick ertönt ein lautes Pfeifen aus dem Fernsehapparat, und auf dem Schirm steht:

Message Message Message.

Ich habe das Zimmer gewechselt.

TELEKOM – DIE MACHEN DAS!

Ich gehe ins Arbeitszimmer. Es ist gefüllt mit durcheinander redenden Telekom-Fachkräften.

Ihr Wortführer, so um die 35 Jahre alt, spricht in herablassendem Ton, schaut dabei manchmal Renate an, als wollte er sagen:

Begreifst du es immer noch nicht? Weiber! Er sagt es nicht, es steht in seinem Gesicht. Renate fragt ganz normal, ist bereit, das zu lernen, was sich ihr da noch als Rätsel darbietet.

Es ist diese schwer erträgliche Arroganz, die Handwerker manchmal aufbieten, wenn sie etwas reparieren sollen, was ein Kollege früher mal her- oder hingestellt hat. Sie schauen sich das Schaltsystem im Keller an, oder die Tapete, den Fußboden, schütteln erst einmal den Kopf und sagen dann: »Ach, du lieber Gott.«

Fremde Zahnärzte, sofern man den vertrauten einmal nicht aufsuchen kann, pflegen das auch zu tun.

»Machen Sie doch mal den Mund auf«, sagt er, und man hat ihn noch gar nicht richtig geöffnet, fragt er schon: »Wer hat denn *das* gemacht?«

Telekom-Leute, die diese Frage stellen, waren es meistens selber. Jeder »Fachmann« kommt für ein Problem mindestens dreimal und sagt dreimal etwas anderes.

Renate schaut ratlos von einem zum anderen. Die sieben Herren schauen sich ebenfalls an. Dann sagt der Wortführer der Ratlostruppe, dass man für die Lösung des Problems nicht alles dabeihabe, man wolle mal sehen. Sie verschwinden und kommen, sofern man sie nicht wieder bestellt, nie wieder.

Wenn sie wiederkommen, wiederholt sich der Vorgang.

Kurz nachdem sie den Tatort verlassen haben, klingelt es, aber wir finden für dieses Läuten keinen Hörer.

Wir hatten vorher zwei Telefonanschlüsse, jetzt haben wir nur noch einen. Wir rufen an und erfahren von den Fachkräften, dass so etwas normalerweise gar nicht passieren kann.

Es kommt einer von den sieben zurück, er lässt sich den Vorgang schildern, grinst dann unverschämt und fragt frech: »Was hamsn da angstöllt?«

Spätestens hier möchte ich zuschlagen, aber der Mann ist stärker. Er macht ein paar Handgriffe, sichtlich sich belästigt fühlend, vermisst dann ein Trinkgeld, das er für sein erstes Auftreten schon viel zu reichlich bekommen hat, und verschwindet wieder.

Zehn Minuten später läutet es im Bad, und ich bin fest davon überzeugt, dass er unsere zweite Nummer aus Versehen am Duschkopf angeschlossen hat, aber es kommt anders. Renate kommt nicht mehr ins Internet. Das ging bisher reibungslos. Wütend ruft Renate bei Telekom an, und zwar an jener Stelle, die in der Gebrauchsanweisung mit einer eigenen Nummer angegeben ist.

Eine unterkühlte Frauenstimme meldet sich und fragt, um was es sich denn handele. Sie verschluckt deutlich ein »verdammt noch mal«. Renate schildert den Vorgang. Sie sagt, sie hätte schon ein paar Monate lang damit gearbeitet, vorhin aber seien ein paar Herren von Telekom da gewesen, und nun ginge nichts mehr.

Die Dame sagt zunächst einmal, sie glaube das nicht. Das gäbe es doch gar nicht. Renate kocht vor Wut, hält sich aber zurück und bleibt bei ihrer Darstellung, dass sie alles genau so wie bisher gemacht habe. Die Dame bekommt einen mitleidigen Ton in die Stimme und meint, Renate werde schon den einen oder anderen Fehler gemacht haben. Zum Beispiel mit dem Passwort. Renate sagt, sie habe wie immer ihren Namen eingegeben.

»Wie war der noch?«, fragt die Dame zurück. Renate wiederholt ihren Namen. Nach einer kurzen Pause sagt die Dame entschieden: »Der Name ist falsch.«

Jetzt explodiert Renate und schreit: »Ich komme sofort zu Ihnen. Wo sitzen Sie?«

Die Dame antwortet: »In Rostock.«

Wenn jemand fragen sollte: »Wer macht Sie wahnsinnig vor Zorn?«, dann kann ich nur antworten: »Telekom, die machen das!«

Jo, Eric und Cem, denen ich den Face-Lifting-Antrag geschildert hatte, erzählen mir, dass die Pietsch mit dem Gesichtsklempner Grützmoser vor ein paar Tagen ein Interview gemacht hätte.

Cem, der Franke, meinte, da wären so Namen gefallen von Firmen aus einer Chemie-Grubbä, und das Ganze wäre wohl versteckte Werbung gewesen als Ersatz für den Verdienstausfall, der dem Grützmoser durch die Absage von Renate entstanden sei. Jo ist der Meinung, dass die Kleine da die Hand mit aufhält. Warum drehen die das Ding sonst so verstohlen?

Grützmoser, sagten sie, hat den ganzen Eingriff noch mal genau geschildert, hat Fotos »Vorher« – »Nachher« gezeigt, die Operation in den höchsten Tönen gelobt, und das Filmchen legt die Pietsch dann in ihr Fach und verkauft es später mal auf eigene Rechnung. Eric meint, warum nicht? Wenn man schon mal ein Kamerateam so billig kriegt und das Material bezahlt ist? Kommt mir so vor, wie Ziegel klauen auf der Baustelle.

Carmen Pietsch betritt das Wohnzimmer, um die Teebeutelstunde zu eröffnen.

Ich hatte vorher die neue Wanze aus dem Besenschrank genommen, holte sie aus der Tasche und überreichte sie ihr.

»Mit herzlichen Grüßen an Dr. Birkenwasser, verbunden mit der Bitte, getroffene Vereinbarungen gefälligst einzuhalten.«

Sie schluckte. Jo räusperte sich ausführlich, und Cem sagte laut: »Glabbe!«

OFFENER BRIEF VON
JAN SLOTOSCH

Heute Morgen, liebe Zuschauer, fand ich in meiner Post einen offenen Brief. Der Brief in meiner Post war also nicht mehr verschlossen, sondern, bevor ich ihn öffnen konnte, bereits offen.

Das ist nicht weiter schlimm. Hier wird, außer dem im Grundgesetz garantierten Briefgeheimnis, nichts Wesentliches verletzt.

Da schreibt mir ein gewisser Jan Slotosch aus Wroclaw, dass er nicht nach Deutschland kommen will.

Ich kenne Jan aus den Zeiten vor der Wende, also vor meiner Wende, das heißt, bevor ich die Freiheit verließ, um hier in unserem eigenen Hause… das Wort Verließ ist gar nicht so schlecht.

Ich besuchte Jan Slotosch, als ich lesen musste, dass Tausende von polnischen Menschen allnächtlich versuchen, die Oder zu durchschwimmen, um hier im reichen, ruhigen westlichen Paradies leben zu dürfen.

Damals hatte er gerade sein Ingenieursstudium mit Erfolg abgeschlossen. Er beschäftigt sich jetzt mit Brücken. Mit Vergnügen erinnere ich mich, dass er mir einmal eine Brücke zeigte, die mitten in der Wiese stand und zu der keine Straßen führten. Es war noch zu Zeiten der sozialistischen Planungen. Er erzählte mir auch die Geschichte von den zwei Zügen, die durch menschliches Versagen in Zentralpolen zusammengestoßen waren. Der eine Zug kam aus Krakau und wollte nach Danzig, der andere kam aus Danzig und wollte nach Krakau.

Bei der Untersuchung des Unfalls stieß man auf etwas höchst Merkwürdiges, was die Fracht der Güterzüge betraf. Beide Züge hatten Kohlen geladen.

Als vor einiger Zeit die Parteien in Deutschland nach heftigem Gewürge und Geschiebe, Geschimpfe und Geschrei ein Ausländereinwanderungsgesetz zusammengestopselt hatten, wonach wir, weil wir Ausländer brauchen, zwar keine möchten, aber wollen müssen, also die nötigen Ausländer auch reindürfen sollen, aber nach einem strengen Gesetz, das die CDU/CSU gern selbst machen würde, aber nicht kann, weil sie nicht regiert, sodass sie das Gesetz zwar gewollt hat, aber gleichzeitig bremste, damit die Inländer merken, dass sie Ausländer auch nicht liebt, und sie dann von denen, die niemanden reinlassen möchten, gewählt werden, damit sie dann das Gesetz machen kann, das Ausländer reinlässt, aber so, wie sie sich das denkt. Nämlich nur die Nobelpreisträger aus Polen, Rumänien, Bulgarien oder sonst woher. Da habe ich Jan Slotosch geschrieben, die Deutschen hätten gemerkt, dass sie nicht allein fertig werden und jetzt richtig großzügig darüber hinwegsehen könnten, dass zum Beispiel ein Pole ein Pole ist. Aber Jan hat darauf nicht geantwortet.

Ich bin dann nach Wroclaw gefahren, habe meine Autotür geöffnet, auf den Sitz gezeigt und gesagt:

»Jan Slotosch. Es ist alles geregelt. Setz dich rein. Du darfst nach Deutschland.«

Jan hat kurz geschaut, hat dann etwas Polnisches gesagt, was man ihm nicht übel nehmen kann, weil er ja ein Pole ist, und ist wieder hinauf in seine Wohnung gegangen.

Eine Woche später bin ich mit zwei Herren einer großen Brückenbaufirma wieder zu ihm gefahren und habe ihn zu einer Spazierfahrt eingeladen. An der Grenze, es war ein einsamer Platz an der Oder bei Frankfurt, haben wir ihm das Boot gezeigt, mit dem er, ganz ohne Polizei, mit uns nach Deutschland rudern könnte.

Er hat wieder etwas Polnisches gesagt und ist im Dickicht verschwunden.

Als nächsten Schritt der gesetzlich gesicherten Einwanderung mit einer fünfjährigen Bleibegarantie, später darf er vielleicht auch seine drei Kinder nachkommen lassen, das ist alles recht großzügig geregelt, hat dann die Brückenbaufirma ihn als Ehrengast zum Oktoberfest eingeladen.

Er wurde vom Flugzeug mit einem Mercedes abgeholt, ein Firmenchor sang ihm zur Begrüßung das Riesengebirgslied, wurde im ersten Hotel am Platz einlogiert, am Abend im Bierzelt trank man mehrere Liter Bier zu seinem Wohl, stieg gemeinsam auf den Tisch, und es herrschte so eine richtige Bombenfirmastimmung.

Am nächsten Morgen war Jan Slotosch nicht mehr im Hotel. Die Firma rief die Grenzpolizei an und bat, diesen Mann nicht über die Grenze zu lassen, er hätte wichtige Unterlagen über 35 Brücken in Deutschland mitgehen lassen.

In seinem Brief, den ich heute erhielt, schreibt mir Jan, er sei unter großen Mühen den deutschen Grenzpolizisten entwischt und in der Nacht durch die Oder zurück nach Polen geschwommen. Er bat mich, ihm seinen Pass zurückzuschicken, der noch beim Hotelportier liegt. Die Parteien im Lande werden sich überlegen müssen, ob in dem Einwanderungsgesetz, dem übrigens kein Auswanderungsgesetz gegenübersteht, nicht auch stehen muss, dass Ausländer, wenn sie dürfen, auch müssen.

WAS ICH NOCH VERGESSEN HATTE

Seitdem bei uns Ausländer angepöbelt, geprügelt und in manchen Fällen auch umgebracht werden, von dumpfbackigen, hässlichen Glatzköpfen, die sich in Verbrecherbanden sammeln, »Heil Hitler« brüllen, und zum Entsetzen der Mehrheit auch noch stolz sind, Deutsche zu sein, obwohl sie nicht einmal ihren Namen schreiben können, fahre ich nicht mehr so gern ins Ausland.

Wenn ich es aber tue, versuche ich, nicht wie ein Deutscher zu wirken. Aber es kommt immer heraus!

Was zum Donnerwetter ist an uns Deutschen so deutsch, dass wir mühelos enttarnt werden?

Ich kann machen, was ich will. Beispielsweise in Italien. Ich setze mir eine Sonnenbrille auf, ziehe einen italienischen Anzug an, gehe in ein Café, schaue neapolitanisch, setze mich und sage mit rauer Stimme: »Una Grappa per vavore.«

Der Ober nickt und sagt: »Bitte schön, der Herr.«

Was ist es? Ist es die Körpersprache? Vielleicht ähnele ich den deutschen Offizieren, die wir aus amerikanischen Filmen kennen, die in das Lokal kommen, mit brutalen Augen einen Tisch fixieren, dann entschlossen auf ihn zumarschieren wie eine ganze Besatzungsarmee und die Stühle besetzen mit diesem Blick, der ausdrückt: »Hier verbringe ich den Rest meines Lebens!« Ist das so? Wenn das so ist, habe ich mir, als ich in Venedig war, gedacht, dann muss das anders gespielt werden. Ich bin in das Lokal hineingetänzelt, habe einen Wechselschritt eingeschoben, habe dazu Chachacha gesagt, dann plötzlich meine Richtung geändert und mich ganz woandershin gesetzt.

Da saß schon einer.

Ich sagte tiefstimmig und rau: »Scusi.«

Und er: »Arschloch.«

War ein Grieche aus Aschaffenburg. Hat ein italienisches Restaurant dort. Sein Vater ist Türke, seine Mutter kommt aus Holland. Sieht man ihnen nicht an.

Mich fragt im Ausland nie jemand, ob ich Deutscher bin. Man weiß es einfach. Wieso?

Ich glaube, man hat sich uns gemerkt.

Und in der Tat: In den Bäumen hocken schon wieder die Affen von früher und werfen ihre Parolen von der reinen Rasse runter. Dabei sehe ich ihn noch vor mir, diesen Hitler, der so aussah, als hätte ihn der liebe Gott voller Abscheu ausgespuckt. Und hinter ihm die Galgengesichter von diesem Göring, diesem Himmler, der mit seinem Aussehen ganze Hühnerhöfe erschreckt hat, und von den anderen aus dieser Mörderbande, die in der kurzen Zeit ihrer Macht nichts anderes getan haben, als sich die Beute unter den Nagel zu reißen. Und die, die ihnen jetzt so ähnlich sein möchten, sehen auch nicht aus, als wären sie der Schöpfung gut gelungen.

Nein, schön sind sie nicht, die Analphabeten von der braunen Bande. Mutig sind sie auch nicht. Sie zünden ihre Opfer im Schlaf an oder prügeln Behinderte, und das auch nur, wenn sie in der Übermacht sind.

Viele von ihnen haben wahrscheinlich Angst vor Frauen. Und das kompensieren sie mit diesem nationalen Überquark.

Und die Frage ist nur: Warum geht die Polizei so vorsichtig mit ihnen um?

Haben sie Angst, die Polizisten, oder Sympathie?

NACHTBUCHEINTRAGUNG 23.17 UHR

Vita des Gruppenführers Kompatzky

Kompatzky (98), die Zahl in Klammern meint nicht das Alter.
Sie bedeutet die persönlich exekutierten Häftlinge in B. B.
Erste Jahre nach '45 in Argentinien.
Später Rückkehr. Es lag nichts gegen ihn vor.
Hoch bezahlter Job bei Mercedes.

Auf die Frage eines Kameraden: Keine Angst vor Strafe?

Antwort: Bis was kommt, bin ich reich.

Es gibt hervorragende Anwälte mit so gut wie keinem Gewissen.

Typen, die mögliche noch lebende Zeugen so lächerlich machen, dass Freispruch unumgänglich.

Die Leute sagen: Wer ins KZ gekommen ist, wird schon was ausgefressen haben, ich bin ja auch nicht reingekommen.

Und für die sollen wir auch noch bezahlen? Schweinerei!

Wer damals Jude war, hatte selber Schuld.

Vor drei Tagen ist Gruppenführer Kompatzky eines natürlichen Todes gestorben.

Auf seinem Grabstein soll stehen:

»Runen raunen rechten Rat.« (Friedrich Bernhard Marby)

Seine Asche sei seiner Seele gnädig.

SOAP-TIME

Renate hat sich Firnholzer gemerkt. Ich habe sie gefragt, und sie hat ihn so beschrieben, wie ich ihn sehe.

Unten ist der Kopf etwas breiter als oben, Bürste auf der Schädeloberfläche, nicht zu vergessen Nasenwarze links innen.

»Also«, sagte sie, »hat sein Kopf die Form einer Null.«

»Richtig. Das ist das Geheimnis seiner Erfolge als Teamchef des größten Party-Service-Unternehmens der Stadt. Er ist praktisch nicht vorhanden. Er ist allgegenwärtig, aber er hat keine Ohren, keine Augen, er hört nichts, er sieht nichts. Er ist nur da.«

»Wie heißt der Partyservice?«

»Weiß ich noch nicht.«

»Essen auf Rädern.«

»Das gehört in deine Serie. Wie geht's deiner Frau Wonneberger?«

»Sie hat gerade das vierte Altenheim gekauft. Die arme Frau Brüderlein ist gestorben und hat Frau Wonneberger ihr Vermögen vererbt. Gerade noch rechtzeitig, sagt die Wonneberger. Diese Frau Brüderlein, sagt sie, hat mit ihrem Geld nur so um sich geworfen. Die hätte womöglich alles noch ausgegeben.«

»Sie hat also nur begüterte Senioren in ihren Heimen?«

»Natürlich. Sie nimmt 7500 Mark im Monat. Aber dafür bietet sie Leistung und einen Hauch von Luxus.«

»Zum Beispiel?«

»Es gibt eine Pingpongplatte, Fitnessgeräte, Spielautomaten.«

»Moment, das können die alten Menschen doch alles gar nicht mehr benutzen.«

»Das ist ihre Sache. Es ist jedenfalls da.«

Klingt alles sehr bedenklich. Ich muss Renate warnen.

»Du übernimmst dich. Es werden zu viele. Du kannst dein Handlungspersonal nicht mehr bewältigen.«

»Du unterschätzt die Wonneberger. Der fällt immer was ein. Irgendwann in der elften Folge schickt sie die Insassen eines dieser Heime zu einer Rheumadeckenbusfahrt in die österreichischen Kalkalpen, und dort versickert der Bus.«

»In den Alpen?«

»Na ja, in den amerikanischen Serien gehen die Leute, die nicht mehr gebraucht werden, mit Schiffen unter. Bei mir versickern sie. Wozu hat man Österreich. Österreich ist die Sickergrube Europas.«

»Du willst einfach 60 arme alte Menschen morden?«

»Kann ich doch machen, wie ich will. Ich bringe sie auf die Welt – dann bringe ich sie um.«

»Das geht eben nicht. Du wirst merken, dass deine Zuschauer, wenn du eine Figur abmurkst, dich so behandeln, als hättest du abgetrieben.«

Renate wird böse, das will ihr nicht einleuchten.

»Was geht dich meine Wonneberger an? Kümmere du dich um deinen Firnholzer.«

»Mein Firnholzer ist ein herzensguter Charakter, der als Oberkellner sein Leben seinen Gästen gewidmet hat. Mit 15 Jahren schon hat er sein Handwerk bei Schwennemeier gelernt, und als in den Sechzigerjahren die Bedürfnisse der Menschen stiegen, als man Feste in Schlössern und Palästen veranstalten wollte und kurze Zeit darauf in den eigenen Räumen, gründete Schwennemeier seinen HOT. Hummer on Tour. Und Firnholzer wurde sein Partychef.

Innerhalb ganz kurzer Zeit wurde es der berühmteste Partyservice im Land. Kein Bankett in den Räumen der Reichen, der Berühmten und der Mächtigen ohne Schwennemeiers HOT. Niemand, der Firnholzer nicht kannte. Firnholzer aber kannte keinen von Schwennemeiers Kunden. Wenn immer wieder behauptet wird, dass Gräber schweigen, was ich für meinen Teil nicht glaube, es gibt höchst geschwätzige Gräber, aus denen heraus es spricht, aber wenn man meint, dass Gräber schweigen, Firnholzer war eins.

Dabei hörte er merkwürdige Geschichten, vernahm Aussprüche, die zu argen Vermutungen über die Personen, die in diesen Mitteilungen eine Rolle spielten, hätten führen können. Er hörte Zahlen, die ihm Schwindel erregend vorkamen, und bei denen er nicht glauben konnte, dass es sich um Geld handelte. Erfuhr, dass es sich bei den Gästen um Direktoren, Präsidenten, Minister, um Schauspieler, Sängerinnen und Sänger, Industrielle, berühmte Playboys und berüchtigte Spekulanten, hie und da auch um Damen und Herren der hohen Justiz drehte, kurz, dass Firnholzer der mobile Butler der Society war.«

Renate schaute zweifelnd: »Das klingt so wie die viel zu lange Einleitung für einen ganz faden Tatort.«

»Wart's ab. Da passieren unglaubliche Geschichten. Bei einem Streit zweier stark betrunkener Gäste hört Firnholzer, dass es sich um zwei Geschäftsleute, um direkte Konkurrenten handelt, die sich in die Quere gekommen waren mit ihrem Helikopter-Shuttle-Service. Beide hatten ihre Helikopter, jeweils fünf oder sechs, zu einem Motorradrennen nach Hockenheim geschickt.«

»Zubringerdienst für Zuschauer, oder wie?«

»Hatte Firnholzer auch gedacht.«

»Ja, was haben sie dann gemacht?«

»Sie haben beide eine Organ-Geier-Staffel.«

»Eine Organ-Geier-Staffel? Was ist denn das?«

»Firnholzer bekam es von einem anderen Betrunkenen erzählt. Nach einem Motorradrennen veranstalten die Fans, die mit ihren Maschinen nach Hockenheim fahren, auf dem Heimweg angeturnt, Rennen gegeneinander, wobei dann die schönsten Unfälle passieren und ganz junge Organe für die Transplantationen abfallen.«

Renate zeigt mir den Vogel und deutet eine Pinocchionase an. Das Telefon läutet.

Ich höre und lege dann den Hörer auf.

»Wer war's? Was ist?«

»Birkenwasser ist von der HÖWEI angeblasen worden. Er soll uns sagen: Kein Wort mehr über unsere Sponsoren!«

In diesem Moment blicke ich durch das Küchenfenster und sehe einen Kleinbus vor unserem Haus halten.

Ich zische Renate an: »Mein Gott, die schon wieder!«

Renate verblüfft: »Wer denn?«

»Die von der Telekom.«

DIE WÜRDE DES MENSCHEN
IST GESPONSERT

Wortlos hat Carmen Pietsch uns nach dem Mittagessen die Kassette der Pilotsendung für den neuesten Hit der ORA-TV neben den Teller gelegt. Der soll uns möglicherweise auf den richtigen Weg bringen für unsere geplanten Serien.

Die ORA-TV plant eine Beicht-Show. Locker soll sie sein, modern, jugendzugewandt, flapsig.

Wir schauen uns das Band an.

Der Titel ist schon recht viel sagend:

SPUCK'S AUS BABY!

Der Vorlauf ist geil. Fünf Ministranten aus dem Internet... nicht doch! aus dem Internat eines Paderborner Gymnasiums treten als Boygroup im fetzigen Priesterrock auf. »Bad news, bad news, we tell the truth, we tell the truth, und jetzt mach du's! Spuck's aus Baby – spuck's aus Baby! You can get your satisfaction. Wwwhhow!«

Ein hemmungslos heiterer Moderator im liturgischen Gewand schießt aus der Mitte eines Himmelsportals auf die Bühne, breitet die Arme aus, fällt auf die Knie, faltet die Hände zum Gebet und sagt: »Bevor wir uns Gott zuwenden, müssen wir uns diese Gnade verdienen.«

WERBUNG

Dann ist er wieder da, der junge aufstrebende Moderator, der seine Karriere als Pornodarsteller begann, sie als Kabelträger fortsetzte und dann bei einem Showmasterassistenten-Casting wegen seiner wunderschönen Zähne, die er einer Zahnspange von SPANGEN-SPITZ, dem bekannten Spangenspezialisten, zu verdanken hat, zum 1. Assistenten aufgestiegen ist.

Selbstverständlich wurden auch seine Ministrantentätigkeit

und die Versicherung berücksichtigt, er habe sämtliche Beicht-
zettel zu Hause archiviert.

Sein jederzeit begeistertes, jubelndes Publikum, das vorher,
nachher und zwischendurch juchzt, jodelt und trampelt, nennt
ihn Sausi, weil Sausi, Mikrophon in der Hand, ununterbrochen
von der linken zur rechten Bühnenseite saust, rennt, tanzt, ham-
pelt. Und wenn er das nicht macht, singt er. Sausi ist die katholische Rache für Fliege.

Zunächst hatte man im Ordinariat Bedenken wegen des
Beichtgeheimnisses, aber dann wurde man besänftigt durch die
Priesterausstattungskooperation »Ghost and Clothes«, die zu be-
denken gab, dass der Mensch von heute, wenn er schon seine
Sünden beichtet, nirgendwo anders mehr bereit sei, sich bru-
talstmöglich dazu zu bekennen, als vor der Kamera.

Und da steht also, nein, rennt Sausi vor seinem beichtfreudi-
gen Publikum auf und ab, mit einem Jackett, auf dem deutlich
mindestens zwanzig Firmenlogos angebracht sind, die wechsel-
weise rot, gelb, blau oder grün aufleuchten.

Sausi hat einen Zweijahresvertrag als Moderator mit einer
Gage von 2,1 Millionen. Die Show läuft täglich zweimal. Höhepunkt ist aber nicht die tägliche Beichte des Studiopublikums
wie auch der Zuschauer (Telefonnummern werden bekannt gegeben) und der sich anschließende Absolutionsvorgang, sondern
der Showteil. Und da geht es um viel Geld!

Drei Kandidaten müssen einen künstlichen Fluss hinauf-
schwimmen. Bis zu einer auf dem Kopf stehenden Telekom-
Zelle, dort ein Waffengeschäft in der Stadt anrufen und eine
Waffe bestellen. Die ihm dann überreichte Waffe kann er, das
liegt ganz in seinem Ermessen und ist die moralische Prüfung,
anwenden, um seine Mitbewerber auszuschalten oder nicht. Tut
er es, genießt er Straffreiheit, tut er es nicht, verliert er. Der Pressesprecher von ORA-TV konnte über die Höhe der Sieger-

summe noch keine Auskunft geben, meinte aber, dass unter einer Million ohnehin nichts zu machen sei. »Spuck's aus Baby« wird bestimmt der Renner der Saison!

Wichtig: Während der gesamten Beichtshow können Zuschauer ihre persönliche Beichte auf Band sprechen. Sie erhalten sofort die Zahl der zu betenden Vaterunser, und, nach Bekanntgabe der Faxnummer, faxwendend einen Ablasszettel.

Die Pietsch hat sich, wohl um unsere Reaktion zu prüfen, hinter uns gestellt.

Ich frage sie: »Es könnte also passieren, dass ein ehrgeiziger Kandidat schießt?«

Sie nickt und sagt: »Nein, das glauben wir alle nicht.«

Und Renate bohrt nach: »Es wäre dann das erste Mal Tod live.«

Die Pietsch schüttelt den Kopf und sagt: »Ja, das kann man so ausdrücken.«

»Gesponsert vom Bestattungsinstitut Grünhügel!«

Da hebt die Pietsch die Schultern und antwortet:

»Ja, wenn Sie es sowieso schon wissen.«

OPA, BEHALT'S BEI DIR

Ich möchte jetzt noch etwas nachtragen, was eigentlich in Renates Serie mit der Wonneberger gehört.

Der Kampf um die Leichen wird immer härter.

Es gibt in Deutschland 3500 Bestattungsunternehmen.

Und die schlagen sich um 900 000 Tote pro Jahr.

Das ergibt einen Gesamtumsatz von 3,5 Milliarden Mark.

Der Umsatz steigt von Jahr zu Jahr. Nicht weil die Zahl der Leichen steigt, sondern weil das Raffinement des Bestattungsangebots erhöht wird.

Die Innenausstattung der Särge wird immer kostbarer. Zu Recht, wenn man bedenkt, was Menschen in den frühen Jahrhunderten ihren Verstorbenen mitgegeben haben. Heutige Hinterbliebene schütteln die Köpfe, wenn sie hören, dass man den Toten ihre Ringe und Ketten gelassen hat! Man hat ihnen sogar Münzen an die Seite gelegt, damit sie sich was kaufen können, wenn sie auf der Milchstraße bummeln gehen oder, was noch einleuchtender ist, etwas Geld für die Überfahrt über den schwarzen Fluss, der die Lebenden von den Toten trennt.

Heute teilt man sich den Schmuck schon, bevor der Todesfall eingetreten ist.

Die Vertreter der großen Bestattungskonzerne, die als Berufsmiene im Dienst ständig die, wie man eben sagt, »Leichenbittermiene« parat haben müssen … sie waren es, die die Trauernden zur Leiche bitten mussten … arbeiten mit Hilfe von ausgefeilten Strategien an der finanziellen Erleichterung der Bestattungskostenträger. Was ich bei dem Fall Frühwein & Frigge schon andeutete, soll hier noch einmal genauer ausgeführt werden. Ein Todesfall löst eine unglaublich lange Reihe von Geschäftsvorgängen aus.

Afrikakenner behaupten, dass ein auf den Bäumen hockender und wartender Geierschwarm sich sozialer verhält als Bestattungsunternehmer. Das mag so sein, aber verständlich ist natürlich der Wunsch, sofort zur Stelle sein zu wollen, wenn der Todesfall eingetreten ist. Man verlässt sich auf Tipps.

Ermunterungsgelder für Totentipps sind vermutlich sogar von der Steuer abzusetzen.

Wer gibt die Tipps? Zum Beispiel Notarztwagenfahrer, die ziemlich genau abschätzen können, ob der Patient in ihrem Wagen weiterleben wird oder nicht.

Und in den Büros der Unternehmen sind mehrere Angestellte ständig mit dem Studium der Todesanzeigen in den Zeitungen beschäftigt, wobei es dann meist schon zu spät ist für ein attraktives Bergungsangebot.

Dass hie und da auch Menschen unterwegs sind, die mit Interesse lesen, dass in vornehmen Stadtvierteln jemand gestorben ist, der am Freitagvormittag um 11.00 Uhr zu Grabe getragen wird, wodurch man annehmen kann, dass zu der Zeit in diesem Haus sehr wahrscheinlich niemand anzutreffen ist, versteht sich am Rande.

Es gibt Städte, habe ich mir sagen lassen, in denen die Polizei das noch nicht gemerkt hat.

Dass die Unternehmen riesige Abgaben entrichten müssen für dieses Tippsystem, sollte jeder Trauernde verstehen.

Also muss er auch einsehen, dass eine Kostenbeteiligung verlangt wird von denen, die an einer Bestattung mitverdienen. Organisten, Trauerredner, Trauersänger, Wirte, die am Leichenschmaus verdienen, Floristen und so weiter. Nichts ist umsonst – es lebe der Tod!

Wenn schon die Würde des Menschen zu Lebzeiten antastbar ist, dann soll sie ihm wenigstens im Finale gewährt werden.

Ich kann Beerdigungen auf den Tod nicht ausstehen. An eine allerdings erinnere ich mich gern.

Und nichts hätte ich lieber, als dass mir einmal so ein Schlusssatz geschenkt würde.

Im Kabarett »Die Berliner Stachelschweine« traf ich immer mit besonderer Freude das Paar Max und Mulle. Max spielte den Schlagbass, und seine Frau machte die Garderobe. Max verehrte den berühmten Komponisten Rudolf Nelson. Als Nelson starb, gingen wir alle zur Beerdigung. Max war sehr bewegt, schloss dann auf dem Parkplatz sein Auto auf, blickte zurück und sah, wie gerade eine dicke schwarze Rauchwolke aus dem Schornstein des Krematoriums quoll, und sagte mit tränenerstickter Stimme: »Da ballert er ab – olle Rudi.«

DER MORDFALL

Renate wirft die Küchentür zu.

»Was ist passiert?«

»Ich soll sie umbringen.«

»Was heißt das? Wen sollst du umbringen?«

Sie wandert in der Küche herum. Ich kenne sie, wenn sie wütend ist. Dann stellt sie alles um. Sie nimmt alle Gegenstände in die Hand und stellt sie woandershin. Ich habe gerade die »Küche gemacht«, habe aufgeräumt. Teller zu Teller, Gabel zu Gabel, Topf zu Topf.

Es ist meine Leidenschaft. Ordnung in der Küche. Ist meine Leidenschaft. Sie nimmt den Salzstreuer und stellt ihn in das Spülbecken, nimmt den Topf und stellt ihn mir auf den Tisch, wirft den Kugelschreiber zum Besteck, haut mit der Kelle auf die Butter und stellt die Butter auf mein Manuskript und redet dabei, redet, redet!

»Wen sollst du umbringen?«

»Hab’ ich doch gesagt!«

»Hast du eben nicht gesagt.«

»Weil du nicht zuhörst!«

»Ein für alle Mal: Ich habe genau zugehört, und du hast mir noch nicht gesagt, wen du umbringen sollst!«

»Ich sage in diesem Hause kein Wort mehr!«

Sie verlässt wutschnaubend die Küche, gibt dem Schirmständer einen Tritt und schreit: »Aua!«

Kurz darauf kommt sie wieder rein, stellt sich ans Fenster und sagt: »Die Wonneberger.«

Ach so. Habe ich kommen sehen.

Das ist keine Serienfigur. Die kann man nicht einfach so besetzen. Das muss eine gelernte Schauspielerin übernehmen.

Und das ist ihnen zu teuer.

Renate ist fassungslos. »Ich kann doch die Frau nicht einfach umbringen! Was verlangen die von mir? Und wie? Wie? Ich habe noch nie jemanden umgebracht.«

»Autoren sind Mörder. Massenmörder sogar. Sie töten täglich. Du hast eine ganze Omnibusladung umgebracht.« Das überzeugt Renate nicht. »Ich habe diese Frau unter Schmerzen geboren. Sie ist erst ein paar Tage alt, und da soll ich sie schon abmurksen? Kommt nicht in Frage.«

»Ich habe einmal die Toten eines einzigen Fernsehtages gezählt! Es waren 367.

72 Kopfschüsse, vier Erhängungen, elf normale Tote im Bett, zwei abgestürzte Flugzeuge, der Rest vom Pferd geschossene Indianer.«

»Anonyme Tote! Aber die Wonneberger kenne ich persönlich.«

»Da musst du härter werden. Man muss sich von seinen eigenen Kindern trennen. Das ist schwer. Du kannst das ja originell machen. Lies den Harry Mulisch, der hat zwei seiner Hauptpersonen sehr komisch ermordet. Der eine wurde von Meteoriten erschlagen, und der andere lag tot in einer kompletten Taucherausrüstung vollkommen verbrannt auf einem 2000 Meter hohen Gebirgskamm.«

»Die Wonneberger ist erst fünfzig.«

»Ich habe auch schon einen zwanzigjährigen Serienliebhaber vom Blitz erschlagen lassen. Der Lümmel wollte mehr Gage.«

»Ich hatte so eine schöne Szene für sie.«

»Erzähl, die muss ja nicht mitsterben.«

»Frau Wonneberger hat heimlich ein Appartement für ihren zwanzig Jahre jüngeren Spitzenlover, der macht's aber bi. Neben ihm wohnte sein Lover. Jedes Mal, wenn die Wonneberger da ist, lässt er, damit es nicht zu laut wird… sie wird immer sehr laut, weißt du… dann lässt er Springsteen laufen: ›Born in the USA.‹.

Und jedes Mal, wenn ganz laut der Springsteen kommt, weiß der arme Junge nebenan, dass sie es treiben. Und jedes Mal, wenn der Springsteen dreimal hintereinander läuft, wird er wahnsinnig und klopft an die Wand.«

»Nicht schlecht. Dann ist ja auch klar, wie du sie umbringst.«

»Was meinst du?«

»Eines Tages hält der Junge das nicht mehr aus, geht rüber zu seinem Lover, tritt die Tür ein und schreit: ›Killed in Germany!‹ und erschießt die Wonneberger!«

Renate schaut mich an wie einen Killersaurier und verlässt die Küche mit den Worten: »Und dann erschießt der Lover den Killer. Das ist ein Doppelmord. Nicht mit mir.«

FIRNHOLZER oder
DIE SEEJUNGFRAUEN

Firnholzer ist meistens an den Münchner Lagos beschäftigt. Sein Hummer-on-Tour-Bus bewegt sich vom Lago di Gema (Chiemsee) zum Lago di Bonzo (Starnberger See), seltener ist er am Lago di Prolo (Ammersee).

In den prächtigen Villen der Bonzoregion kann Firnholzer die ganze Pracht eines Firstclass-Party-Service zur Entfaltung bringen. Mit Grillstations, Undertree-Cocktailbars, Poolmenueservice und diskreter Lovecornerbedienung.

Bei Pickl und Pudl, einem Zwillingspaar aus einer Industriellenfamilie ist das so.

Es ist genauso bei Seidl, dem Kekskönig.

Bei Schneckenbieler, dem Filmstar, wird es ganz genauso gehandhabt wie auch bei Prinz Schnuppi, bei dem Reifenkönig Höfele, bei Augustins.

Es ist immer haargenau die gleiche Party, sodass man manchmal denkt, es ist dieselbe.

Firnholzer bewältigt alles mit großer Souveränität.

Kein Wort zu viel kommt über seine Lippen.

Gewöhnlich steht er im Hintergrund und lenkt mit den Augen seine Unterkellner und die Aushilfsdamen mit den tiefen Dekolletés. Neben ihm Paula, seine Assistentin. Ein für alle Gäste gewohnter Anblick. Firnholzer und Paula schweigend mit flinken Augen, denen nichts entgeht. Seit vielen Jahren ist es so und wird so bleiben.

Man altert ein wenig miteinander.

Das Einzige, was sich ändert, sind die Autos vor den kleinen Schlössern am Lago.

In der letzten Zeit ist ein bisschen Unruhe entstanden durch Klimaumschwünge in den jeweiligen Ehen. Man kommt zwar gemeinsam zur Party, lebt aber vorübergehend getrennt.

In einem unbelauschten Augenblick möchte Paula von Firnholzer wissen, was sich da so tut.

Paula: »Wo sind denn die Augustins heute?«
Firnholzer: »Er ist unterwegs. Er hat was Neues gekauft in Zwickau. Sie ist bei ihren Eltern.«

Paula: »War da was?«

Firnholzer: »Keine Ahnung.«

Paula: »Pickl schaut seine Frau überhaupt nicht an. War da was?«

Firnholzer: »Bei Pickl war nie was.«

Paula: »Pudl schaut auch unglücklich aus.«

Firnholzer: »Keine Ahnung.«

Paula: »Die Schneckenbieler hat vorhin die Frau vom Prinzen Schnuppi angemacht. Ihr Mann hat ihr voll auf den Fuß getreten.«

Firnholzer: »Ich weiß von nichts.«

Paula: »Mein Gott, wenn man wüsste, was die so treiben, wenn sie Zeit haben. Und die haben ja genug.«

Firnholzer: »Es steht mir nicht zu, mir darüber Gedanken zu machen.«

Paula: »Ich weiß ja, Herr Firnholzer, ich weiß. Sie waren auf der Butlerschule, gell?«

Firnholzer: »Nicht der Rede wert, Paula.«

Seidl, der Kekskönig, und Höfele, der Reifenkönig, lallen schon etwas. Sie klopfen sich gegenseitig auf die Schultern und werden langsam laut. Ihre beiden Frauen schauen sie an wie Ungeziefer. Es wäre die Stunde für ein, zwei Molotowcocktails. Stattdessen wird jetzt getanzt. Unlustig.

Die ersten fahren heim.

Die Nacht geht – Johnnie Walker war gar nicht erst gekommen.

Renate hat mir zugehört. Sie weiß nicht recht, was sie davon halten soll.

Renate: »Wieso ist dieser Firnholzer deine Hauptperson? Der ist doch gar nichts.«

Gut, dann muss ich sie einweihen.

»Es kommt langsam heraus, dass Firnholzer natürlich bis ins Detail weiß, wer mit wem etwas hat. Er macht Gebrauch von seinem Wissen, und so gelingt es ihm, am Starnberger See und am Chiemsee viele Ehen dieser Society zu zerstören. Niemand kommt auf ihn, aber er hört sämtliche Gespräche, kombiniert und plaudert scheinbar harmlos, wobei heimliche Treffen aufkommen, die er völlig unschuldig und absichtslos erwähnt.«

»Warum macht der Mann das?«

»Ich habe ihm natürlich ein Motiv unterlegt. Seine Mutter hat seinen Vater und ihn mit einem Porschebesitzer verlassen und ist nie zurückgekommen.«

Renate schaut mich misstrauisch an. »Du magst diese Society nicht, oder? Bist du neidisch?«

Nein, das bin ich eigentlich nicht. Ich hätte aber Angst vor diesen Leuten. Es ist eine harte Bagage, die dort ihr Geld verdient, die Leute gehen grausam miteinander um. Und es ist wohl kein Wunder, dass dort hin und wieder geschossen wird. Ich habe das Gefühl, sie sind charakterlich ihrem Geld nicht gewachsen.

Sie aber hinwiederum sind dem Firnholzer nicht gewachsen. Firnholzer ist noch viel gemeiner als sie.

Sollte ich mit meiner Serie den Zuschlag bekommen, was bei dem vorhandenen Bedarf an U-Müll durchaus denkbar ist, rücke ich mit dem wahren Hintergrund des Firnholzer noch heraus. Dieser Mann, so viel kann ich verraten, hat nicht nur seine Finger überall drin.

WIR MÜSSEN AUF DIE SCHIENE

Wir sind wie elektrisiert. Die ORA-TV schickt uns zu einer Talkshow nach Berlin.

Ausdrücklich wird gesagt, dass man da eine Ausnahme machen würde. Und weil die PR in just dieser Talkerei immer noch für besonders wichtig gehalten wird und die Show für uns beide nicht ihr Studio verlässt, müssen wir eben den Container verlassen.

Uns soll es recht sein.

Wir haben abgelehnt zu fliegen. Aus Prinzip. Ich habe dem ORA-Birkenstroh gesagt, ich wäre sicher, dass die Lufthansa uns gar nicht mitnimmt. Ich habe in den letzten Jahren diese Gesellschaft beschimpft, wo es nur möglich war. Sie beutet ihre Leute aus, lässt Schlangen an den Abfertigungsschaltern entstehen, weil sie Personal sparen will: Von sechs Schaltern besetzt sie drei, auch an Feiertagen. Sie kümmert sich einen Dreck darum, dass die Damen und Herren an den Schaltern jeweils für zwei schuften müssen und dann noch von den Passagieren beschimpft werden. Doch da muss man die Passagiere verstehen, die zittern müssen, ob sie durch das Schlangestehen nicht etwa ihre Maschinen verpassen. Sich zu beschweren hat keinen Sinn, denn die Oberen der Gesellschaft sind feige und verkriechen sich in Büros, von denen nicht einmal die Angestellten wissen, wo sie sind. Sie lassen sich verleugnen und beantworten Beschwerdebriefe patzig. Sie lehnen ab, an irgendetwas Schuld zu sein, und schlagen brutal zurück, wenn sich im Personal Widerstand regt. Die Lufthansa ist verrottet, ist ein Relikt aus dem vorigen Jahrhundert. Eine Verrottung findet unverzüglich dann statt, wenn in Massenmedien Kritik an der LH laut wird.

Als die *Süddeutsche Zeitung* das Verhalten der Gesellschaft bei einem Pilotenstreik glossierte, warf die Fluggesellschaft dieses Blatt kurzerhand aus dem Angebot in den Maschinen und an den Flughäfen.

Als daraufhin ein Journalist, den man von der *Bildzeitung* her kennt, in der *SZ* notierte, früher hätte die Firma einen Kranich im Logo geführt, heute hätte sie einen Vogel, was höchst zutreffend formuliert war, rottete sich die Oberleitung der Lufthansa mit dem Berliner Oberstübchen der *Bildzeitung* zusammen, und die warf den Journalisten aus dem Vertrag.

Das meine ich mit Verrottung.

Deshalb müssen wir auf die Schiene. Es soll ja alles auf die Schiene. Warum nicht wir.

Es wird hektisch bei uns. Zum S-Bahnhof fahren wir mit dem Auto. Das haben wir schon lange nicht mehr angeworfen. Ich frage Renate: »Hast du den Autoschlüssel?«

Hätte ich nicht tun sollen. Renate zuckt unter diesem Verdacht förmlich zusammen.

»Ich? Wieso ich? Du bist zuletzt damit gefahren.«

»Bist du sicher?«

»Bist du sicher – bist du sicher! Natürlich bin ich sicher, sonst würde ich es nicht sagen.«

»Da bin ich wiederum nicht so sicher, mein Schatz.«

»Wieso sagst du jetzt ›mein Schatz‹? Soll das vielleicht heißen, dass ich schuld bin? Vielleicht hast du ihn stecken lassen?«

Das ist in der Tat auch schon passiert.

Ich gehe hinaus. Nein, er steckt nicht.

»Vielleicht ist er im Schlafzimmer verbrannt?«

»Nein, aber vielleicht sind diese beiden Dinos, der Knüppel und der andere Strohkopf, damit gefahren?«

»Das wüsste ich.«

Es beginnt ein hektisches Suchen. In den Taschen, unten in den Schränken, oben in den Schränken, auf dem Schreibtisch, auf dem Nachttisch, nichts. Kein Schlüssel. Auf dem Waschtisch zwischen den Tuben und Fläschchen.

Ein Aufschrei der Empörung, weil ich gerade gefragt habe.

»Vielleicht in deinem Toilettenkoffer?«

»So einen Unsinn habe ich noch nie gehört! Wie soll ein Autoschlüssel in meinen Toilettenkoffer kommen!«

»Gut, ist ja gut! Dann nehmen wir eben ein Taxi.«

Während dieser Zeit haben wir uns angezogen, und ich suche meine neuen Schuhe. »Verdammt, wo sind sie?«

»Na, wo sie hingehören. Mein Gott! Im Schuhschrank!«

Ich finde sie: Neben meinen neuen Schuhen, im Schuhschrank, liegt der Autoschlüssel.

Das, was uns beide immer verbunden hat, wird nun sichtbar. Wir setzen uns nebeneinander auf die Treppe und lachen. So richtig aus Bauch, Nase, Hals und Kopf.

Natürlich! Jetzt fällt es mir wieder ein: Ich habe eine Angewohnheit, die Renate, solange wir zusammenleben, stört: Ich versuche, möglichst alles, was ich nach oben tragen muss, in die Hände zu bekommen, um nicht zweimal gehen zu müssen.

Diesmal waren es ein paar Kosmetikartikel, die Schuhe und der Autoschlüssel, und die legte ich erst einmal ab, um die anderen Sachen zu verstauen, und machte dann die Schranktür zu, und da blieb er dann, der Schlüssel. Drinnen.

Diese kleinen Haus-Katastrophen sind es, die dazu führen, dass wir bei Verabredungen so abgehetzt wirken.

Also nun die Schiene. Die hochgelobte Bahn AG.

Bevor wir abfahren, haben wir schon Verspätung. Zwanzig Minuten. Mit großer Selbstverständlichkeit sagt der Sprecher, dass er unser Verständnis voraussetzt.

Haben wir nicht. Verständnis hat man erst dann, wenn man die Ursache kennt. Der Zug von Verona nach München hat seit Wochen jeden Tag eine unvorhergesehene Verspätung, weil hinter Bozen eine Baustelle ist.

Ich habe dafür jetzt Verständnis. Aber ich weiß nicht, ob man es voraussetzen darf, dass jeder Passagier erst einmal zu der Stelle der Ursache reisen muss, die zur Bitte um Verständnis führt.

Die Speisewagen der Bahn sind für eine Nahrungsaufnahme, gleich welcher Art, nicht geeignet.

Da hat der Koch keine Mütze, da hat das Rindsgulasch keinen Geschmack, da hat die Wurst einen Wassersack.

Die Kellner sind freundlich, weil sie genau wissen, was sie verkaufen müssen.

Aber, nehmt alles nur in allem, die Bahn ist die vernünftigste Fortbewegungsart. Und es ist uns aufgefallen, dass die Manager der Bahn auch Mühen nicht scheuen, die Reisekultur zu verbessern. Was vor Jahren noch auffiel, war die fehlende Sprechkunst der Zugansager. Was natürlich auch für städtische Nahverkehrsmittel galt.

Ortsunkundige oder anderssprachige Reisegäste hörten bei der Ankündigung der nächsten Station merkwürdige Laute wie: »terhalt tefoing.«

Sollte heißen: »Nächster Halt Unterföhring.«

Nach der Wende wurde das dann noch sächsisch untermalt, sodass eine wachsende Unsicherheit auftrat, wo man denn nun auszusteigen habe.

»derhalt derrschleiseim.«

Soll heißen: »Nächster Halt Unterschleißheim.«

Ratlose amerikanische Gäste fuhren durch die Stadt, durch bis zur Endstation.

Bei unserer Reise nach Berlin fiel mir aber auf, dass sowohl die Zug- als auch die Stationsansagen auf den Bahnhöfen mühelos zu verstehen waren, ja, dass sie sogar wohltönend und präzise gesetzt klangen.

Als wir die Ansage in Leipzig hörten, sagte Renate:

»Das war jetzt Robert Redford.«

War er natürlich nicht, aber sie hatte Recht. Es klang so. In Berlin stieß sie mich an und sagte: »Hör mal!« Die Stimme teilte uns mit, dass dieses die Endstation sei und welche Anschlüsse es gebe nach Dresden – Rostock – Warschau – Danzig. »De Niro!«, sagte Renate. Stimmte. Habe ich auch so gehört.

Das hat uns nicht in Ruhe gelassen. Wir haben uns kundig gemacht. Es waren die deutschen Synchronsprecher, die wir gehört hatten! Das ist die ganz neue Idee der Bahn AG: Deutsche Schauspieler und Schauspielerinnen sprechen für die Bundesbahn. Im Rahmen des Bündnisses für Arbeit deutscher Schauspieler. Der neue Kulturstaatsminister Nida-Rümelin muss darauf gekommen sein. Oder Schröder?

Es soll ein Studio geben, wo sämtliche Ansagen aufgenommen werden für sämtliche Bahnhöfe im Lande.

Es gibt Regisseure, die auf das künstlerische Niveau bei den Ansagen achten. Das Ergebnis ist bereits achtbar. Fremde steigen an den richtigen Stationen aus. Allerdings bleiben auch Reisende gebannt sitzen, weil sie beglückt die vertrauten Stimmen aus berühmten Hollywoodfilmen hören.

Wie schön wäre es, in diesem Studio zu sein, wenn Richard Gere (ich meine natürlich seine deutsche Stimme) die Ansage für die Feld- und Kleinbahn Betriebs-GmbH Wörme aufnimmt und wohltönend den Gästen mit der richtigen Betonung und hinreißendem Charme mitteilt:

»Bitte einsteigen in den Zug von Holm Seppensen über Büsenbachtal – Alter Schafstall – Kohlhöpen und Wörme Dorf, Abfahrt 12 Uhr 41. Ankunft in Wörme Dorf um 13 Uhr 07. Wir wünschen Ihnen eine angenehme Reise.«

Hier ist eine künstlerische Arbeit natürlich Voraussetzung, bei der ein Regisseur die Klangfarbe der Ortsnamen und die richtige Aussprache zum Leuchten bringen kann.

Er sagt vielleicht: »Büsenbachtal, weißt du, das verlangt nach Poesie, Alter Schafstall, welch dahinter verborgene Romantik, historische Bezüge, dieses alles schlummert hinter den Namen. Kohlhöpen! Nimm es nicht so leicht. Nicht ganz so trocken. Und der Auftakt, die Aufforderung: ›Bitte einsteigen in den Zug von Holm Seppensen…‹, gibt dem Reisenden die Lust, verreisen zu dürfen. Von Holm Seppensen über Büsenbachtal – Alter Schafstall… es darf nicht schon zu Beginn dieser wunderschönen Reise Heimweh aufkommen, Melancholie oder Verdruss verreisen zu müssen. Und dann strahlend: Ankunft in Wörme Dorf! Welch ein Glück, in Wörme Dorf angekommen zu sein. Ein geliebter Mensch erwartet dich, Wärme, Geborgenheit. Ankunft in Wärme Dorf… äh Wörme! Und dann: Sie haben Anschluss nach Bremervörde oder dorthin, wo die große, weite Welt auf dich wartet, wo der Himmel weit wird und das Meer erahnbar ist.

Und wenn du 12 Uhr 41 sagst, lass die Zahlen klingen, springen, es ist ein Versprechen der Bahn. 12 Uhr 41. Abfahrt! Ja, meine Freunde! Und wenn du 13 Uhr 47 sagst, dann lege etwas Metall in die Stimme. Es ist die Zeit der Ankunft. So, als wolltest du sagen, versprochen ist versprochen. Um 12 Uhr 41 in Wörme Dorf!«

Man muss einmal genauer hinhören, wenn man sich verwählt hat, und eine wohlklingende Stimme sagt mit deutlich erotischen Untertönen:

»Kein Anschluss unter dieser Nummer.«

Renate will sich nicht festlegen, aber sie meint, es klänge nach Julia Roberts, also nach der Synchronsprecherin von ihr. »Kein Anschluss unter dieser Nummer.«

Ich wähle manchmal mit Absicht falsch, um das zu hören: »Kein Anschluss unter dieser Nummer.«

Wie lange wird sie daran gearbeitet haben?

Man hört mit der Zeit auch viel genauer hin. Ich meine vor ein paar Tagen bei ALDI Verona Feldbusch gehört zu haben, die die Käsepreise ansagte.

Warum auch nicht?

Nur die Polizei macht ihre öffentlichen Aufforderungen, auseinander zu gehen, noch selbst. So klingt es auch.

Eigentlich sind wir nach Berlin gefahren, um bei Frau Christiansen ein wenig über die Zukunft des Fernsehens mitzudiskutieren, aber unsere Ausbeute war kärglich:

Dies hier war im Wesentlichen alles, was wir sagen konnten:

»Darf ich auch mal…«

»Ich wollte nur…«

»Aber das kann man doch so nicht…«

»Wenn ich mal sagen darf…«

»Ja, wenn Sie so wollen, aber…«

»Nicht unbedingt, nur…«

»Keine Ursache.«

Um ein Schlusswort gebeten, sagte ich, um herauszubekommen, wie gut in diesen Runden zugehört wird:

»Eins ist sicher, die Eisenbahn muss auf die Schiene.«

Man war einverstanden.

Guten Abend, wer immer da seinen Apparat noch an haben sollte. Einschaltquote, was heißt das schon.

Was oder wem hilft das schon, wenn der Apparat eingeschaltet ist, die ganze Familie aber verschnarcht mit verklebten Augen und verstopften Ohren in den Sesseln hängt.

Ich bin stolz auf Sie alle. Ich bin stolz auf das deutsche Fernsehen. Ich bin stolz auf Deutsche. Auf deutsche Legebatterien, auf den deutschen Schlafsack als solchen, auf das deutsche Auto, auf den deutschen Familienvater, auf die deutsche Socke, auf das deutsche Spülklosett, auf den deutschen Rhein, auf den deutschen Holländer, Friedrich Hollaender meine ich, der stolz war auf die deutsche Frau und dass sie einen deutschen Rhein haben möchte. Ich bin stolz auf den deutschen Reichtum, auf 14 deutsche Börsenzeitungen, auf *Capital* – *BÖRSE ONLINE* – *Impulse* – *WirtschaftsWoche* – *manager magazin* – *BIZZ* – *FINANZtest* – *EURO am Sonntag* – *GELDidee* – *DIE TELEBÖRSE* – *brand eins* – *Focus-Money* – *Aktien research* – *DER AKTIONÄR,* ich bin auf jede Einzelne stolz. Und auf den Schwung, der uns beseelt.

Reich werden, jawoll!

Schnell reich werden. Yes Sir!

Jung reich werden. Of course, man!

Reich werden. Reich ins Heim. Ins Altenheim.

Reich in die Rente. Reich in die Grube.

Ich bin notorisch stolz auf eine Gesellschaft, die ein Herz hat, sich nicht zu schämen, wie Oma und Opa kaserniert werden, wie sie um 17.00 Uhr abgefüttert und fertig gemacht werden. Fürs Bett.

Und als Betthupferl noch einen Satz des Sekretärs des Bundestagsausschusses für Menschenrechte und humanitäre Hilfe,

Dr. Skupnik: ›Leider muss ich Ihnen mitteilen, dass Pflege (Alten-pflege) kein Thema für die Arbeit des Ausschusses für Menschen-rechte ist.‹ Und wenn Sie jetzt einschlafen können, bin ich auch stolz auf Sie.«

NACHTBUCHEINTRAGUNG 23.55 UHR

So lange schon in Bayern. Nicht gewusst, was ein *Zuckerl-Advo-kat* ist.

Ein Anwalt, der alte Leute mit Moos betreut.

Vergessen viel, die alten Leute. Manchmal ganze Konten. Ver-wechseln hie und da Unterweisung mit Überweisung. Die Zu-ckerles überweisen sich was.

Schimpfen hie und da über Drecksarbeit, die sie leisten.

Na ja, Kohlen schmutzen. Ist schon richtig.

Pecunia non olet. Die Pinkelsteuer.

Ein kaiserlicher Einfall damals. Als die Römer reich geworden.

Oder besser Kaiser reich geworden.

Kaiserreich? Hatten wir auch.

Hab' neulich meinem Alter gegenübergestanden. Im Traum. »Heeh Alter!«, hab' ich gesagt. »Kommst du nicht ein bisschen früh?«

Und da fragt es… es war nicht mein Ego, es war mein Alter: »Hast du mich nicht kommen sehen?«

»Nee«, hab' ich gesagt, »hatte keine Zeit, war zu sehr mit der Jugend beschäftigt.«

Und es wird mürrisch und murmelt, greisenhaft eben: »Sie sind alle nicht vorbereitet. Altern muss man üben. Manche be-herrschen es schon in jungen Jahren.«

Und ich sagte: »Ach, wenn man's nicht merkt.«

Da wurde es böse und zischte: »Und wenn du mir jetzt noch den dämlichsten Satz aller Sätze sagst, nämlich, dass jeder so alt ist, wie er sich fühlt, dann hast du mich die längste Zeit gesehen!«

Und ich habe fröhlich gesagt: »Jaa! Hau doch ab, Alter!«

Morgens aufgewacht. Alles wehgetan. Plötzlich sah ich es.

Es saß auf der Bettkante. Und ich, schlecht gelaunt: »Hallo Alter.«

Weiß jetzt, wie der Satz heißen muss:

»So wie man sich fühlt – so alt ist man auch.«

FIRNHOLZER oder
AM LAGO DI PENUNZO

Nacht – halb innen, halb draußen.

Firnholzer und Paula in Tätigkeit.

Er hat jedes Glas im Auge, das, hastig vom Tablett gerissen, in weit aufgerissene Schlünde gekippt wird.

Party am Tegernsee. Zwei Zentner Schalck-Golodkowski mit zwei Doppelzentnern Strauß (Söhne) lassen auf dem Parkett nicht mehr viel Platz.

Schalck, Stasioffizier, Besitzer von 200 Firmen in der ganzen Welt, hoch geehrt von fast allen CSU-Granden, die dreißigjährige PDS-Leute für die furchtbar gefährliche Nachgeburt von Erich Honecker halten, Schalck aber die Hände küssen und ihm am Lago bei Rottach eine mehrjährige Kur machen lassen, Schalck-Golodkowski also hat seinem heiß geliebten Freund Franz Josef versprochen, seinen Kindern über den Mangel an Intelligenz hie und da hinwegzuhelfen.

Es ist sichtlich Liebe unter den drei Schwergewichtlern. Es fehlt fast keiner, den man hier nicht sowieso erwartet hätte. Holger Pfahls, ehemals Staatssekretär im Regierungslager, der mit einer Reihe von Millionen flüchtig ist, im Augenblick einer der gesuchtesten Politiker der christlichen Parteien, also von der Polizei gesucht. Pfahls fehlt noch. Er wartet darauf, dass der Rest an Akten auch noch verschwindet, dann kann er wiederkommen aus den Ländern, in denen sich auch Posträuber verbergen.

Die Herren Lüthge und Holzer sind im Gespräch mit Kohls Klüngelfee Agnes Hürland, die in eingeweihten Kreisen den hübschen Operettennamen Frau Leuna trägt, von der man behauptet, sie hätte diesen ansehnlichen Bauch gar nicht, den sie so anmutig zur Schau trägt, sondern es handle sich bei dieser Wampe um die acht Millionen Schmiergeld, die sie für die Leuna-Vermittlung abgestaubt habe.

Ein illustrer Kreis, der sich hier am Schampusglas festhält. Die weniger bekannten Gesichter könnten einer Reihe von Staatsanwälten und Richtern gehören. Allein durch ihre Anwesenheit sorgten die hier für große Heiterkeit, als der dickere von den beiden Strauß-Söhnen bei der Begrüßungsansprache – und zwar der, dem sie die Festplatte geklaut haben, wo was drauf war, sagt er, mit dem sie ihn sowieso nicht hätten festnageln können –, als also der Festplatten-Strauß in launiger Art witzelte, die Staatsanwälte seien gekommen, um ihre Fahrräder einzustellen, sich räusperte und sich verbesserte: »Ich meine ihre Ermittlungen«, da wurde herzlich gelacht.

Firnholzer verzog nicht eine Miene.

Paula schien beeindruckt. Von der guten Laune. Von den prominenten Politikern.

Edmund Stoiber soll abgesagt haben, weil, so hieß es, er ja nicht schon wieder nicht da gewesen sein kann, wenn man ihn später danach fragt. Also, sagt er, bin ich lieber gleich wirklich nicht da.

Paula: »Kennen Sie die alle, Herr Firnholzer?«
Firnholzer: »Freilich.«
    Paula schaut ihn bewundernd an.
    »Ist das der Kiep dahinten?«
    »Das ist der Kiep.«
    »Und der hat die Million an die Schweizer Grenze…?«
    »Mit einem eleganten schwarzen Koffer. Habe ich ihm ge-
kauft.«
    »Herr Firnholzer! Unglaublich!«
    Paulas Blick wandelt sich in Verehrung.
Paula: »Und der mit dem kühnen Profil?«
Firnholzer: »Das ist der Holzer. Der ist mit mehreren Millionen
              nach Zürich.«
Paula: »Mit einem kleinen schwarzen Koffer?«
Firnholzer: »Nein, mit einem etwas größeren.«
Paula: »Der jetzt so lacht…«
Firnholzer: »Das ist der Herr Lüthge. Der war dauernd mit ein
              paar Millionen unterwegs. Von Bonn nach Frank-
              furt, von Frankfurt nach Zürich, von Zürich nach
              Frankfurt und immer hin und her. Wo jemand Geld
              gebraucht hat.«
Paula: »Mit Koffern?«
Firnholzer: »Jaja, mit großen, mit kleinen, hing immer von der
              Geldmenge ab.«
Paula: »Wahnsinn. Und Sie wissen alles?«
Firnholzer: »Ja. Ich weiß alles. Außerdem habe ich einen Be-
              kannten, der stellt her, was die Leute brauchen.«
Paula: (entsetzt) »Geld?!«
Firnholzer: »Nein, Koffer.«

AUS WEM KRIECHT DAS IMMER WIEDER?

Es wird gesungen im Haus! Öde Lieder. Das Liedgut kommt mir bekannt vor.

Renate: »Es sind fremde Herren im Haus.«

Ich sage vorsichtig: »Ich kann mich nicht erinnern, jemanden eingeladen zu haben. Es klingt nach Männerchor.«

Dann gehe ich in den Flur und rufe ins Haus: »Was ist los? Wer singt hier?«

Roggenstroh kommt grinsend die Treppe herunter. »Ein paar alte Kommilitonen besuchen mich.«

Ich bin schon ganz oben auf dem Baum und fauche ihn an: »Mir ist nicht in Erinnerung, dass Sie mich gefragt haben.«

»Ich habe Frau Pietsch gefragt, und sie sagte, dass sie nichts dagegen hat.«

Roggenstroh macht jetzt dieses Gesicht, das man eigentlich nicht Ohrfeigengesicht nennen sollte, wenn man einigermaßen tolerant ist.

Bin ich aber nicht.

Sie kommen die Treppe herunter, die uneingeladenen Besucher. Keine ganz jungen Buben mehr. Zwei mittlere und ein größerer Bauch, quer über den weißen Hemden mit gräulich gemusterten Krawatten bunte Bänder und für die dicken Köpfe viel zu kleine farbige Studentenmützchen. Ich habe sie immer so herzlich gern gemocht, diese Hanswürste, die sich für die Elite der Nation halten, diese abgehobenen Überbürger, die ihre nie vorhanden gewesene studentische Gemeinschaft bis ans Sterbebett zelebrieren. Sie nehmen artig die Käppchen ab, stellen sich mit einem leichten Zusammenschlagen der Hacken vor, führen bei Renate, die neugierig herausgekommen ist, den angetäuschten zackigen Handkuss vor, und einer schnarrt: »Erlaube mir, die

Danubia seis pamer!

Deutsch sein
heisst, eine Sache
um ihrer selbst
willen tun.
Wilhelm II.

Ehre zu haben.« Der andere sagt: »Gestatten, Friedolin Saumsiedel, Doktor der Jurisprudenz.« Der Dritte verbeugt sich kurz: »Schrott.« Der Erste möchte wohl nun auch seinen Namen preisgeben und sagt: »Erbitte Pardon. Habe Namen verschwiegen. Ziehe nach. Max Emanuel Schimmel. Wirtschaftsberatung.«

Voller Hoffnung sage ich zu den Herren: »Sie wollten gehen?«

Roggenstroh antwortet für sie und sagt hastig: »Nein nein, Frau Pietsch meinte, dass ein kurzes Gespräch zwischen Ihnen und den Herren sehr aufschlussreich sein könnte. Wir haben im Wohnzimmer aufgebaut, etwas zu trinken besorgt, und das Team wartet bereits.«

Ach, so ist das. Ein Überfall.

Das Vaterland steht ins Haus!

Plötzlich sitzt auch die Pietsch zwischen uns.

Jo, Cem und Eric stehen hinter der Kamera und versuchen ernst zu bleiben. Roggenstroh hat sein Mützchen auch aufgesetzt. Saumsiedel scheint der Wortführer zu sein. Roggenstroh nickt. Er nickt das ganze Gespräch durch.

Schrott und Schimmel heben den Finger, wenn sie hinzufügen, unterstreichen oder besonders betonen möchten.

Saumsiedel eröffnet uns, man habe uns im Container die ganze Zeit zugesehen und feststellen müssen, dass ein Konsens undenkbar sei.

Ich bin nicht bereit, meine Säuernis zu verbergen, und antworte grob: »Sie haben sich doch nicht hier eingeschlichen, um mir das zu erzählen!?«

Saumsiedel weist sofort zurück. Er ist offenbar der Zurückweiser der Gruppe. Es gibt auch in der Politik Spezialisten in den Fraktionen, die nichts anderes zu tun haben als zurückzuweisen. Energisch, entschieden, mit allem Nachdruck.

Es gibt Spezialisten, die anweisen, vorweisen, überweisen, aber die Wichtigsten sind die, die zurückweisen.

Nicht zu vergessen natürlich die, die ausweisen. Oder abweisen. Saumsiedel ist ungemein schnell. Bevor ich ihn auf etwas hinweisen kann, weist er schon zurück.

Schrott hat einen Schmiss.

Schimmel schaut aus, als würde er gleich anfangen zu weinen. Erinnert mich an Tappert. Den habe ich mal hervorragend gesehen, fällt mir ein. In Florenz. Im Fernsehen. Von einem italienischen Schauspieler synchronisiert. Ich war fasziniert.

So richtig höre ich nicht hin. Nationaler Müll wird geredet.

Was wollen die eigentlich, diese Kasperles?

Haut die ORA-TV jetzt die nationale Bremse rein?

Man kennt ja die Zuschauerbriefe. Beim Lesen dieser Art von Post verliert man jegliches Zutrauen in die Zurechnungsfähigkeit des Publikums.

Kritiker teilweise eingeschlossen. Der Kleinkritiker Mauró von der *SZ* hat einmal über eine Kohl-Parodie, bei der ich ein Gedicht von Matthias Claudius dafür benutzt habe, um Kohls Redestil zu karikieren (»Der Mond, meine Damen und Herren, und das möchte ich hier in aller Deutlichkeit sagen, ist aufgegangen«), geschrieben, es handle sich da um einen flachen Witz über Claudius. Er kann nicht dabei gewesen sein. Wie ich überhaupt meine, dass vieles, was über Theateraufführungen, Opern oder Filme geschrieben wird, nicht mit einem Mangel an Urteilsfähigkeit oder Schreibtalent zu tun hat, sondern mit purer Abwesenheit.

Reich-Ranicki liest ein Buch. Wie macht er das? Er nimmt es, mit spitzen Fingern, blättert ein-, zweimal, legt es wieder hin.

»Ein grässliches Machwerk – ich habe es aufmerksam gelesen. Was will uns der Autor sagen?«

Ich habe mich mit meinen Gedanken ganz weit entfernt von dieser Gesellschaft, in die ich nicht durch mein Zutun hineingeraten bin. Was sagt da dieser Schrott?

»Nie hat es in deutschem Namen so genannte Vernichtungslager gegeben.« Wie bitte? Renate ist blass. Zornig ist sie, weil ich sie allein gelassen habe.

Schimmel hebt den Finger und wirft ein: »Es ist inzwischen nachgewiesen, dass alle diese Holocaustgeschichten Fälschungen sind.«

Jetzt muss ich deutlich werden: »Sind Sie debil, oder was für einen Schaden schleppen Sie mit sich rum? Haben Sie die Bücher nicht gelesen? Die Bilder, die Filme nicht gesehen?«

Saumsiedel lächelt überlegen: »Wir haben das ja bei dieser höchst fragwürdigen Wehrmachtsausstellung erlebt. Gefälschte Bilder. Die Opfer waren alle von den Russen ermordet worden.«

Renate verlässt das Zimmer. An der Tür dreht sie sich noch einmal um und sagt: »Hauen Sie ab.«

Alle schauen indigniert auf den Boden.

Carmen Pietsch lässt ein »Na ja, was soll man schon erwarten« heraus. Von Jo hört man ein scharfes, deutliches »Bingo!«

Und ich will von den Herren wissen: »Ist Ihnen klar, dass Sie wegen Volksverhetzung bestraft werden können?«

Alle vier Mützen lachen herzlich.

Saumsiedel sehr freundlich: »Der Herr Oberstaatsanwalt ist ein Danube.«

Schrott: »Es wimmelt von Danuben. Im Justizpalast, in der Stadt.«

Saumsiedel: »Danubia.«

Roggenstroh: »Eine ruhmreiche Verbindung.«

Ich möchte wissen: »Wo hat denn das Korps den Ruhm her? Es ist doch bei Ihnen gewiss auch so: Geschlossen für Frauen – Ausländer – Kriegsdienstverweigerer und Juden.«

Saumsiedel weist sofort zurück.

Schrott nickt.

Roggenstroh schaut zu, sieht, dass Schrott nickt. Nickt auch.

Schimmel doziert: »Unser Korps ist berühmt für die unbedingte Beibehaltung hoher Werte: Tradition – Wehrhaftigkeit – Vaterland – Ehre!«

Alle nicken.

Nun möchte Roggenstroh auch etwas sagen.

Er steht auf.

»Wissen Sie denn nicht, dass auf dem Haus der Danubia der flüchtige Neonazi-Schläger Christoph Schulte, der lange gesucht wurde von der Polizei, weil er einen Griechen halb totgeschlagen hatte, auf unserem Haus umgebracht wurde?«

Saumsiedel ist das sehr peinlich, er drückt Roggenstroh unsanft in den Stuhl zurück und zischt: »*Unter*gebracht, du Trottel! Versteckt haben wir ihn. Und das ist gut so! Aber sonst hat er Recht. Ich wiederhole: Tradition – Wehrhaftigkeit – Vaterland – Ehre.«

»Donnerwetter«, sage ich, »und das musste ich in meiner Studentenzeit alles versäumen. Nie durfte ich für die Ehre bluten. Ich habe Blut gespendet damals. Ein halber Liter 30 Mark. Konnte man Butter von kaufen.«

Verachtung stahl sich so langsam in ihre Gesichter.

»Ich habe damals gedacht, euch wird es nie wieder geben. Euch Untertanen. Ihr wart die Allerersten, die diesem Hitler in die Falle gegangen sind. So schnell wie eure Korps zu den Nazis übergelaufen sind und gleich in die höchsten Ränge. Rein in den NS-Studentenbund und die Stiefel geleckt von den Massenmördern – ihr seid eine Schande für sämtliche Akademiker Europas!«

Saumsiedel weist *energisch* zurück.

Roggenstroh nickt.

Schrott erwidert reserviert: »Wahr ist, wir sind keine leidenschaftlichen Demokraten...«

Schimmel lacht. Roggenstroh schaut und lacht dann auch.

»...aber ohne uns gäbe es diese Republik nicht.«

Saumsiedel bestätigt eifrig:

»Denken Sie an Kiesinger – Filbinger – Kohl – Schäuble – Diepgen.«

Schrott: »Alles unsere Leute.«

Und ich: »Verstehe, keine Juden – keine Demokraten. Auch eine Frau ist nicht darunter.«

Saumsiedel reckt seinen Bauch, steht auf: »Ja, was glauben Sie denn eigentlich, wer wir sind?«

Ich stehe auf und antworte:

»Vaterlandsverräter.«

Da schießen sie alle hoch und gehen auf mich los.

Plötzlich ist Jo dazwischen und lässt seinen etwas gewölbten, aber höchst muskulösen Bauch nach vorn schnellen, und Saumsiedel verliert den Halt. Er wird von seinen Bundesbrüdern aufgefangen, und Schrott sagt finster: »Lasst uns gehen. Wir haben hier nichts mehr zu suchen.«

Und ich: »Stimmt, ihr hattet hier einfach nichts zu suchen.«

Und ich rufe ihnen noch nach:

»Und macht euch weiter so kleine Hackerchen ins Gesicht, damit man euch erkennen und aus dem Weg gehen kann.«

NACHTBUCHEINTRAGUNG 1.34 UHR

Sogar der Verfassungsschutz merkt langsam, was sich da in der akademischen Szene zusammenbraut. Das wird das intellektuelle Dach werden für die Neonaziszene. Die braune Suppe köchelt schon eine Weile. Und ein paar löffeln sie bereits.

Die Burschenschaften machen mobil: Askania – Frankonia – Germania – Danubia – Thuringia – Mecklenburgia. Radikal völkisch wollen sie sein.

Der Stuka-Rudel und der SS-General Sepp Dietrich und überhaupt das Soldatentum im letzten Weltkrieg werden verherrlicht.

Der deutsche Soldat im Kampf gegen den Bolschewisten, das Symbol für den »ethischen Wert einer beispiellosen Hingabe und Opferbereitschaft«.

Hart soll er sein, der Student.

Tapfer, heldenmütig.

Wie damals schon.

Hatten wir doch gelernt. Konnten wir im Schlaf hersagen:

Flink wie Leder,

Krupp wie die Windhunde

und zäh wie Baldur von Schirach.

Und immer eine Fahne dabei, die mehr ist als der Tod, dem man ins brechende Auge sehen sollte, damit das Vaterland ruhig bleibt, wenn es dich ruft, und du kommst nicht und wenn,

dann höchstens »um 6 nach dem Krieg

im Kelch«. Schwejk gibt einen aus.

Aber was wäre wirklich tapfer?

Himmlers Tochter vögeln, Freunde!

ACH, DU MEIN BERLIN

Renate ist traurig, weil sie ihrer geliebten Stadt in den schweren Stunden nicht persönlich beistehen kann.

Ich tröste sie und sage, dass Berlin doch immer alles, alles überstanden hat: sämtliche Bürgermeister, die schmerzliche Geschwindigkeitsbeschränkung auf der Avus, als weinende Autofahrer aus Protest ihre Autos angezündet haben. Die Einfälle der Ossivölker, die Überflutung der Kaufhäuser nach dem mutwilligen Niederreißen der Mauer. Die kampflose Übergabe der Stadt an die Bonner Beamten. Mindestens dreizehn Love-Parades! Und den kleinen, fürchterlichen Menschen namens Gafron, der die Lieblingszeitung des Berliners in Rekordzeit zu ruinieren versprochen hat und dann womöglich Bürgermeister wird, zu viele Opernhäuser, zu teure Museen, einen Peymann zu wenig, ein Mausoleum als Bundeskanzleramt zu viel, einen Potsdamer Platz zum Aushalten, nicht zum Vorzeigen, und immer wieder ein Skandal zum Bezahlen. Es war immer was zu überstehen, immer was los. Stichworte, Namen haben sich tief eingegraben.

Antes! Richtig! Und wie sie alle reingefallen sind auf den Mann mit dem Bordell, der so einen berufsspezifischen Namen hatte. Hieß so, wie das Ding, mit dem der Hund wedelt. Die Engländer sagen dazu »tail«.

Das Merkwürdige ist: Alle politischen Karrieren in Berlin enden in Immobilien. Eine Zeit lang wusste man nicht, wie kungeln die das immer aus und wo?

Dann kam man darauf: Man traf sich am Rande der Stadt auf einem Riesengrundstück von einem der Baulöwen Berlins. Na ja, was heißt Baulöwen. Bis auf den einen oder anderen Hai waren das mehr Baudackel.

Und in diesem Supergarten dackelte man als Politiker dann

um die Dackel rum und vice versa die Dackel um die Politiker, eine Schampuspipeline war in den Garten gelegt, und die Teilnehmer der öffentlichen Ausschreibung gingen mit ihren Eimern zur Ausschüttungszentrale und füllten sich ab.

Zwei Tage und zwei Nächte wurde um die Palme getrunken. Wenn dann die ganze Anlage mit den besoffenen Säcken voll war, kam der zuständige Amigo vom Senat, und der, der als Einziger noch stehen konnte, kriegte den Bauauftrag.

Und wieder muss der Berliner den Spott der Provinz ertragen, denn eine ihrer Banken hat ein Loch. Schon wieder mal. Ein Milliardenloch.

Und der Berliner geht täglich mehrere Male an der Bank mit dem Riesenloch in der Kasse vorbei und horcht, ob er Schüsse hört. Weil sich die Finanzlochverursacher vielleicht erschossen haben. War früher mal Pflicht. Heute nicht mehr.

Heute lächeln sie salopp in die Kameras und sagen:

»Blöd gelaufen.«

Andererseits hätten sie mit dem Erschießen auch gar keine Chance.

Es gibt ihnen ja keiner mehr eine Kugel.

MÜSLI-TALK MIT DREIZEHNEDER

Renate schläft noch. Ich bin direkt vom Schreibtisch an das Müsli. Müssen sie ein paar Tage lang für uns reserviert haben. Na gut, runterwürgen. Wir würgen schon so viel runter, warum nicht das? Katzen und Hunde haben damit kein Problem. Die würgen es sofort wieder rauf und raus.

Notizen für Firnholzer.

Figuren für die nächste Party.

Uschi, die Ledermaus. Mischung zwischen Model und Modul. Als Modul jederzeit einsetzbar. Hat ein paar Jahre mit einem Professor für neuere Literatur verbracht. Davon hat sie einen Magisterabschluss und einen Sohn.

Der Professor hat einen Ruf in den USA gehört und angenommen. Bei der Gelegenheit erinnerte er sich wieder an seine Frau. Die brauchte er nämlich drüben. Die Familie, die liebe, intakte Familie. Seit der Thronbesteigung durch Bush ist die Sitte in Amerika ausgebrochen wie ein böser Bürgerkrieg. Seit Billy the Pint aus dem Weißen Haus gezogen ist, herrscht dort wieder die Moral aus der Pionierzeit.

Uschi ist also nicht sehr gut zu sprechen auf ihren Professor. So toll war es gar nicht mit ihm. Sie hat ihn aus Rache jetzt geoutet als Schlaffi. Wenn sich jemand, aus reiner Bösartigkeit natürlich, nach ihm erkundigt, legt sie sofort die Hand aufs Herz und singt die US-Hymne.

Betty, die Sofort-Hilfe. Schauspielerin, die Fotoapparate und Kameras förmlich riechen kann. Der Instinkt für das Rotlicht ist unglaublich hoch entwickelt. Es wird behauptet, sie hätte an einer Ampel, die plötzlich auf Rot sprang, reflexartig ihr Dekolleté runtergezerrt und sämtliche Zähne gezeigt. Wenn irgendjemand in Not ist, sie ist, auch nachts, zur Stelle. Sie hat ihren Körper an Burdas *Bunte* verkauft und ist laut Vertrag verpflichtet, sämtliche Regungen unverzüglich zu melden. Wenn in irgendwelchen Studios oder Fernsehateliers ein Flop gelandet wird, steht immer ihr Name dabei.

Zur Zeit bedient sie einen zu kurz gekommenen Prinzen, den man den Wittelsbacherdodel nennt...

Renate erscheint for Breakfast. Sie zieht die Pietsch nach sich, die sich anschmeißerisch entschuldigt. Sie hätte Mathias Dreizehneder von der ORA-TV versprochen, er könne mit uns frühstücken.

Muss das sein? Ja, es muss sein, sagt sie, weil es eilt. Wer ist der Herr? Ach, er ist der Abteilungsleiter für Serien. Firnholzer!, schießt es mir durch den Kopf. Wäre ja auch seltsam, wenn da gar nichts käme.

Also gut. Jetzt sind wir neugierig. Soll kommen, der Herr. Wenn er nicht so eine Sondernull ist wie der Herr Dr. Bohnenkamp, der Nestroy für einen englischen Operettenlibrettisten gehalten hat.

Herr Dreizehneder, der mir sofort Grüße von diesem und der und Renate von dieser und jener und überhaupt ausrichten soll, dass sie uns alles Gute und Liebe und zum Geburtstag auch und Respekt für unsere Leistung, die wir hier für seinen Sender, ach, und er hatte früher schon immer, und wissen Sie noch, mein Gott die Zeiten, wo sind sie, jaja. Tja.

Einer von den Umdenhalsfallern, die, zurückgekommen in ihr Büro, unverzüglich eine miese Beurteilung verfassen. Erfährt man, dass dieser Herr in einem Gremium sitzt, das mit Mehrheit etwas entscheiden soll, weiß man, dass er die Stimme hat, die einen über das ausgestreckte Bein stolpern lässt.

Eine falsche, hohle Nuss.

Nach dem Philosophen Peter, dem Erfinder des Peter-Prinzips, ist Dreizehneder wahrscheinlich ein brauchbarer Aufnahmeleiter gewesen, der durch seine Beredsamkeit eine Position höher gerutscht ist und dann immer wieder eine Sprosse höher, wobei er mit jedem weiteren Ruck nach oben seine Inkompetenz jeweils verdoppelt hat. Manche Sendeanstalten trifft nun hie und da das harte Schicksal, dass gleichgeartete Typen zur gleichen Zeit genau gleiche Karrieren starten, sodass zum gleichen

Zeitpunkt sich in der höchsten Etage eine hundertprozentige Inkompetenz befindet.

Dreizehneder dürfte so um die 40 sein, hat flinke Augen, Charme und trotz eines kleinen Bäuchleins körperliche Behändigkeit. Er steht, wenn er etwas ausführt, öfter auf, setzt sich wieder, schlägt die Beine übereinander, steht wieder auf, geht zwei, drei Schritte, setzt sich wieder nieder.

Es wirkt wie inszeniert. Wahrscheinlich ist er oft beim Drehen dabei. Die Regisseure vertrauen dem Text, der gesprochen wird, nicht und versuchen, »Bewegung in die Szene« zu bringen.

Sie unterbrechen und sagen dann: »Könntest du bei dem Satz: ›Gib mir doch bitte mal die Kartoffeln rüber‹ aufstehen und hinüber zum Küchenschrank gehen?«

Das verblüfft den Schauspieler natürlich, denn, so wendet er ein, er möchte doch die Kartoffeln haben, sonst würde er doch den Satz: »Gib mir doch bitte mal die Kartoffeln rüber« nicht sagen, weil er ja, wenn er danach aufsteht, die Kartoffeln offensichtlich gar nicht haben will. Daraus könnte man schließen, dass ihm nicht nur das Essen nicht, sondern das ganze Gespräch beim Mittagessen, ja vielleicht die ganze Familie nicht schmeckt. Der Regisseur beißt sich, von der Problematik unversehens überfallen, auf die Unterlippe, und man tritt in die Diskussion darüber ein, wie man Bewegung in die Szene bringt.

Sehr oft aber widersprechen Schauspieler gar nicht, sondern stehen auf, gehen, bewegen sich, und man hat als Zuschauer das Gefühl, dass man vorsätzlich in die Irre geführt werden soll. Und man kommt zu dem Urteil: absurdes Theater.

Dreizehneder hat das verinnerlicht.

Er sagt zu Renate: »Lassen Sie es uns hinter uns bringen. Ich muss Ihnen ganz offen ins Gesicht sagen …«, dabei steht er auf und wendet sein Gesicht dem Schrank zu. »Geht es um meinen Firnholzer?«, frage ich ihn.

Nein, sagt Dreizehneder, er habe noch nicht die Zeit gehabt, in meinen Entwurf hineinzulesen. Allerhand, denke ich, und ich nahm die ganze Zeit an, in der ORA-TV sei höchste Aufregung über die Politik, die hinter meinem Firnholzer steckt.

Es geht um Frau Wonneberger. Ist es die Möglichkeit. Und gar nicht einmal um die Brutalität, die sie als Besitzerin von privatisierten Altenheimen darzustellen hat. Nein! Es geht ihm um die sexuelle Ausstrahlung der Dame. Eine 50-Jährige dürfe das einfach nicht mehr ins Spiel bringen, meint er. Darauf wären wir nie gekommen.

»Herr Dreizehneder«, sagt Renate, »mit 50 fängt für viele Frauen das erfüllte Sexualleben erst an, wie bei Frau Wonneberger, die bis dahin einen vergreisten Bubi im Bett hatte, der vor Angst vor ihr verging. Jetzt geht sie los, die Dame! Mit 30-Jährigen. Manchmal gleich mit zweien auf einmal, und beide sind sie anschließend bedient.«

Dreizehneder hat sich hingesetzt. Er ist blass. »Schauen Sie mir in die Augen«, fordert er, steht aber gleich wieder auf und geht zur Geschirrspülmaschine, »das ist nicht Ihr Ernst.« Das macht Renate Spaß, obwohl sie weiß, dass sie verloren hat, denn das Entsetzen steht im Gesicht des Herrn.

»Von dem Geld, das sie den alten Menschen, die sie zielsicher mit Genuss umbringt, abnimmt, kauft sie sich ein Motorrad mit Beiwagen und fährt mitten in die Revolutionsgebiete im Tschad. In jedem Dorf nimmt sie sich einen neuen jungen, schwarzen Lover, schmeißt den alten raus und fährt weiter.«

Mein Gott, wenn das Jo, Cem und Eric hören könnten!

Dreizehneder hält das alles für möglich. Und er sagt, völlig ernsthaft: »Unter diesen Umständen hat Ihr Serienentwurf keinerlei Chance, von uns gelesen und bewertet zu werden.«

Ich glaube, da muss ich noch etwas nachlegen.

»Herr Dreizehneder, wenn, sagen wir mal, die Toleranz sexuellen Dingen gegenüber bei Ihnen so schwach entwickelt ist, muss ich Ihnen gleich mitteilen, was Herr Firnholzer, meine Serienhauptfigur, alles treiben wird.

Nimmt man einmal die Gelassenheit zur Kenntnis, die beide Großkirchen der Darstellung des Geschlechtsverkehrs im öffentlich-rechtlichen deutschen Fernsehen gegenüber aufbringen, Herr Dreizehneder, dann können doch die Grenzen nicht so eng sein, wie Sie sie hier sehen, das verblüfft uns doch sehr.

Der Bettkampf zwischen den diversen Kanälen nimmt ja seit einiger Zeit sportliche Ausmaße an.

Was natürlich, Herr Dreizehneder, wenn es in den sportlichen Bereich geht, eine Versachlichung des Problems bedeuten würde. Also, ich sage Ihnen einmal …«

Dreizehneder sitzt wie angenagelt.

»Firnholzer hat mit dem von seinen berühmten Gästen erpressten Kapital einen Kanal von Leo Kirch gekauft, der SPOTIK heißt. Bedeutet SPORT & EROTIK. Er veranstaltet Sexualwettkämpfe, mit dem Ziel, deutsche Meisterschaften und später Champions-League-Veranstaltungen in das TV-Programm zu bringen.

Es wird gemunkelt, darauf gebe ich natürlich nichts, dass der ZDF-Stolte sich hinten herum dafür interessiert. SPOTIK hat bereits eine Pilotsendung in Reserve, die Firnholzer mit riesigem Erfolg bei einer Party auf Schloss Herrenchiemsee seinen Gästen vorgeführt hat. Der Text des Kommentators ist bereits vervielfältigt und schon vergriffen.

›Meine verehrten Zuschauerinnen und Zuschauer, diese deutschen Ausscheidungswettkämpfe scheinen ein Riesenerfolg zu werden. 10 000 Zuschauer füllen die Ränge in der Dolly-Buster-Halle am Beate Uhsedom in Oberammergau.

Wir stehen hier kurz vor dem Finale, und die Spannung wächst, wer die Höchstpunktezahl erreichen kann. Wir haben hier schon phantastische Einzelleistungen gesehen. Denken wir an den jungen 21-jährigen, blonden Böblinger Bauarbeiter, der eine fabelhafte Pflicht auf die Matte legte und dann mit seiner atemberaubenden Partnerin aus Kirchenlaibach auch im Kürkampf hervorragende Haltungsnoten erhielt.

Freilich gab es auch Paare, die deutliche Technikmängel aufzuweisen hatten, aber durch ihren Kampfeswillen dann doch zu brauchbaren Ergebnissen gekommen sind. Durch Kampf zum Spiel. Vom Spiel zum Sieg.

Auf der Center-Couch Nummer zwei wird eines der Finalpaare massiert. Und da geht ein Raunen durch die Bully Doster... äh durch die Dolly-Buster-Halle. Soeben hat das Paar Nummer 21 die Bademäntel fallen lassen.

Herrlich, diese 24-jährige Tübinger Theologiestudentin mit ihrem gewaltigen ideologischen Überbau und einem breithüftigen Unterbewusstsein!

Sie, die schon bekannt wurde durch ihren Erfolgsfilm ›Schatz, du schummelst unterm Laken‹, der gewaltige Einschaltquoten in sämtlichen Hotelketten der Welt erzielen konnte, und ihr Partner, ein blonder, bloßfüßiger Studienrat aus Trillental, der gerade seiner Trainerin zuwinkt, die in einem knappen Bikini mehr zeigt, als sie hat.

Und jetzt ist es schon so weit.

Grundstellung. Musik rauscht auf. Sehr schöne Bewegungsharmonie, das Paar Nummer 5. Ein, zwei Wippkombinationen, ein einfacher Van de Velde mit einem gaanz kleinen Nachzittern. Das wird Punktabzug geben, fürchten wir.

Aber jetzt das Paar 21. Ist im Kommen! Ein Doppelkolle rückwärts – Tscheljabinsker Doppelhase vorwärts und eine eingehängte Kosakenspirale – Dänenhecht und, oje... ein klitzekleiner Schnitzer beim angeschnittenen Casanova-Kobolz – aber abgefangen.

Phantastisch die Leistung des jungen Paares.

Kluge Raumaufteilung. Großartig im Einklang mit der Musik, und wir sehen gespannt auf die Wertungstafel:

5,7 − 5,7 − 5,7 − 5,9 für die sportliche Wertung.

Und nun die Noten für die künstlerische Gestaltung:

5,8 − 5,7 − 6,0, da brandet Beifall auf, und noch einmal die 6,0!

Und damit verabschieden wir uns aus der Dolly-Buster-Halle am Beate Uhsedom von den deutschen Meisterschaften und melden uns wieder zu den Finalkämpfen im Vierer, Sechser und Achter *mit* Steuermann. Gleich nach der Werbung!«

DER KOSTENFAKTOR

Um acht oder neun herum kam ein Anruf, oder war es gestern?

Oder habe ich es geträumt?

Manchmal träume ich Geschichten, die ich wirklich erlebt habe. Und manchmal bilde ich mir ein, dass das alles auch wirklich passiert ist. Und manchmal ist es wirklich passiert. Und dann denke ich mir: »Habe ich das geträumt?«

Und manchmal hoffe ich, dass ich das nur geträumt habe. Und manchmal bekomme ich die Folgen zu spüren, wenn ich glaube, dass ich es geträumt habe, und es ist in Wirklichkeit passiert. Zum Beispiel, dass ich dort, wo ich sein sollte, nicht war.

Renate meinte einmal, ich hätte Einbrüche von Aussetzungen. Ich erwiderte, ich hätte Ausbrüche von falschen Einsetzungen. Ich breche aus, ich setze mich ein, denke ich.

Renate sieht mich über diese verdammte kleine Lesebrille an, mit der sie mit Sicherheit gar nicht lesen kann, macht ein bedeutendes Gesicht (was sie dank ihrer Berufsausbildung kann), schüchtert mich damit ein... jetzt habe ich vergessen, was sie gesagt hat.

Ich sei, hat sie nach genauerem Hinsehen durch diese Farce von Brille gesagt, ein medizinischer Kostenfaktor. Ich tue alles, hat sie gesagt, um den Leuten, die mich am Leben erhalten wollen, zu schaden.

Danach habe ich mich gefragt, wer das wirklich will.

Beim 5. Baden-Württembergischen Ärztetag hat der Ärztepräsident... die Welt ist voller Präsidenten... Friedrich Wilhelm Kolkmann davor gewarnt, »Patienten nur als Kostenfaktor zu sehen«.

Er will damit wohl sagen, dass der Patient ein Mensch ist, der ganz gefährlich werden kann für das Versorgungs- und Versicherungssystem. Warnt er, der Präsident, jetzt vor dem Menschen, der hinter seinem Kostenfaktor steht und teurer werden könnte?

Der Präsident warnt jedenfalls.

Warnt er davor, dass der Mensch merken könnte, dass er ein purer Kostenfaktor wird, oder warnt er die Krankenhäuser und die Ärzte vor den Kosten, die der Mensch verursacht? Oder weiß er was, wovon die anderen nichts wissen?

Dass er immer teurer wird, der Mensch. Der Patient.

Ist er eigentlich ein »Faktor«?

Was ist das? Lexikon aufschlagen. Da gibt es vielerlei Erklärungen: Leiter einer Setzerei,

oder: maßgeblicher Bestandteil oder Einfluss,

oder: Teilursache für den Ablauf eines Vorgangs in einem biologischen System,

oder: Erbfaktor.

Richtig: Das ist gemeint mit diesem Kostenfaktor.

Seitdem der Streit um die Forschung mit embryonalen Stammzellen entbrannt ist, und ob man bisher nicht heilbare

frei nach Michelangelo

Krankheiten damit behandeln kann, und zwar mit der Aussicht auf Gesundung, diskutiert man auch die Kosten für eine solche Behandlung. Je genialer unsere Forscher werden, umso teurer wird der Mensch.

Besonders, als ich hörte, dass die Versicherungen sich bereits gemeldet haben. Sie sagen, wenn es den Gentest gibt, dann werden sie gezwungen sein, ihn zu fordern! Und da fällt einem natürlich jäh der »Kostenfaktor« wieder ein.

Und auch die Mitteilung des Max-Planck-Institutes, dass Menschen glücklicher seien, die nicht den Kopf zum Denken verwenden, sondern Bauch und Herz. Hirnforscher behaupten, dass für Entscheidungen, die der Mensch meint treffen zu müssen, der Kopf ohnehin nicht geeignet sei.

Der Kopf wird nur informiert, wenn der Bauch zum Beispiel die Entscheidung gefällt hat, dass der Arm gehoben werden soll.

Vielleicht kann der Kopf dem Bauch sagen: »Nimm ihn wieder runter«, aber mehr auch nicht.

So kann man endlich auch ein Stück merkwürdiger deutscher Vergangenheit erklären.

80 Millionen haben viele Jahre lang diesen »deutschen Gruß« geleistet, also Arm hoch und dazu ein strammes: »Heiltler!«

Endlich wissen wir: Der Kopf hatte damit nichts zu tun!

EIN MORD WIRD GEPLANT

Seit gestern ertönt im ganzen Haus Musik. Wir erfuhren, die Zuschauer wollten das so. Es ist entsetzlich.

Ich habe wütend den Birkenholzkopf bei der ORA-TV angerufen. Der Herr ließ sich verleugnen.

Vor allem wollte ich wissen, wer das aussucht, was sie uns da zumuten. Kaufhausmusik. Swing aus den Fünfzigerjahren. Wollen die Leute so, sagte die Pietsch.

Morgen, hat sie versprochen, würde das Schlafzimmer eingerichtet. Wenigstens das.

Und wie das mit Firnholzer weitergeht, wollte sie wissen.

Also habe ich mit ihr meinen Plan besprochen.

Hie und da soll der Zuschauer merken, dass Firnholzer gewaltig lügt.

Hat immer so getan, als würde er schweigen wie ein Grab. Doch jetzt kam heraus, dass er das genaue Gegenteil tut. Und das mit Absicht.

Er hat seine Kunden gar nicht lieb.

Renate will es genau wissen.

»Also: Er hat immer vor einer Party mit der Dame des Hauses am Nachmittag alles besprochen, fuhr allein hin und hat dann im Gespräch so durchblicken lassen, wo der betreffende Ehemann bei den Partys heimlich ein kleines Schläfchen einlegte. Das machte er, der Firnholzer, bei vielen Familien, und auf diese Weise zerstörte er mit Lust die Ehen in seiner Kundschaft.«

Renate nickt: »Ja, das kann ich mir vorstellen. Doch warum fuhr er schon am Nachmittag hin?«

»Weil er mit der zu tröstenden Dame dann selber schlief.«

»Und bis heute ist der Herr nicht aufgeflogen?«

»Nein. Du weißt doch, wie das ist, wenn einer zu viel weiß.«

»Nimmt er Geld?«

»Der ist stinkreich, der Firnholzer.«

»Wodurch? Womit?«

»Schweigegeld. Weil er über die Damen, die sich rächen wollten, sämtliche Unsauberkeiten, Korruptionsfälle und Steuerhinterziehungen kannte. Und auf ihren Wunsch hin schwieg er.«

»Der Mann ist ja beachtlich. Ich habe übrigens eine Idee. Ich glaube, dieser Partybock Firnholzer hat die Damen der besseren Gesellschaft geschwängert.«

»Aber natürlich. Das ganze Tegernseer Tal ist voll mit seinen Kindern.«

»Steckt er in der Politik mit drin?«

»Das ist anzunehmen. Ich bin nicht sicher, aber es könnte sein, dass Firnholzer eine Party in einem Düsenjet ausrichten soll. Vielleicht gibt es da Zusammenhänge mit einem der Spitzenintellektuellen der CSU. Der Mann hat einen Tick. Das ganze Flugzeug voller Kränze, und die legt er überall nieder. Gemessen mit Kranz auf das Grab zuschreiten, dann würdig verharren, bücken, die Schleife ordnen und damit irgendeinem General die Ehre erweisen, wie sie untereinander sagen.«

»Es gibt wirklich einen, der das macht?«

»Ja, zum Beispiel auf Kreta. Hat der plötzlich mit Kranz da gestanden. Zum 60. Jahrestag der Invasion deutscher Luftlandetruppen. Er muss eine so dämliche Rede gehalten haben, dass die Kreter sich bei unserem Außenminister beschwert haben. CDU-Abgeordneter. Ein Freiherr von Stettin zu Hohenlohe-Haferflocken, oder so ähnlich.«

»Und der fährt jetzt dauernd rum mit Kränzen und hält blöde Reden? An Soldatengräbern?«

»Ja, ich habe das so gelesen. Eine prima Serienfigur. Der Mann fährt überallhin, wo Soldatengräber sind. Bei den Kränzen gibt's Rabatt. Er holt sich bei einem Kostümverleih eine alte SS-Uniform und einen Stahlhelm.«

»Gut. Ich kann was ergänzen. Er steht in El Alamein. Versunken in die Feierlichkeit. Plötzlich hält hinter ihm ein altes Wehrmachtskrad aus dem Zweiten Weltkrieg. Und wer sitzt drauf?«

»Wer?«

»Frau Wonneberger.«

»Tu mir das nicht an!«

»Wieso? Die ist doch schon alt genug! Die kann doch beim Afrika-Korps gewesen sein?«

»Du hast doch die Wonneberger schon in den Tschad verbannt.«

»Jetzt ist sie eben wieder da. Mit einem Kranz. Und geliftet!«

»Das kriegen wir nicht durch!«

»Und jetzt weiß ich auch, wer sie spielt.«

»Wer?«

»Uschi Glas mit Wonder-Bra.«

»Mit der Besetzung bringst du sie um.«

»Du willst sie doch immer umbringen. Du bist ein Mörder.«

»*Du* musst das sagen! Ich habe in dein Altenheimmanuskript reingelesen. Du hast die Frau Oberholzer an einer Gräte sterben lassen, dann ist noch jemand die Treppe runtergefallen, und die beiden alten netten Diakonissen hast du durch einen Querschläger mit einem Luftgewehr... das ist übrigens technisch gar nicht möglich!«

»Ich musste das tun, Dr. Birkenwasser hat gesagt, es ist zu brav.«

»Aber mit Luftgewehren schießt man schon lange nicht mehr.«

»Du denkst dir auch furchtbare Todesursachen aus. Grauenhaft, diese Brutalität mit dem Fußballspieler.«

»Was? Wieso?«

»Du hast ihn sagen lassen: ›Mein Knie ist im Eimer!‹«

»Das sagen die so.«

»Furchtbar. Ich schaue in den Eimer, und da liegt ein Knie drin.«

»Weißt du, wie wir die Wonneberger entsorgen? Abenteuerurlaub auf Mallorca. Haifisch!«

»Das Team ist da. Es ist Teabagtime.«

»Und hier melden wir uns wieder aus dem Senioren-Container. Good afternoon, folks. Heute machen wir wieder ein

Come-together, Ladies and Gentlemen. München ist berühmt für seine See-anothers. Der Autokönig ist on stage. Der Sponsor der Aktion ›Aktives Altern‹ hält das Speech-on. Der Ministerpräsident lässt sich durch seinen Rejecter vertreten, seinen Zurückweiser. So einen haben bald alle Politiker. Die müssen täglich bis zu fünfmal etwas energisch zurückweisen, was sie nicht gesagt haben wollen. Lorin Maazel ist auch da. Wurde für einen einzigen Tusch engagiert. In vorgerückter Laune besteigt man ein Flugzeug – mit anschließendem Night-landing oder Jump-withme. Und zum Abschluss ein Undertabledrinking.«

SLEEPINGROOM

Das neue Schlafzimmer ist da! Es ist grauenhaft. Empört fragten wir nach dem Verursacher, und es wurde uns mitgeteilt, die künstlerische Verantwortung hätte eine Kommission übernommen.

Das Kommissionswesen setzt sich durch. Als ich bei einem ungeklärten Stillstand mitten auf der Strecke in einem ICE saß, kamen drei uniformierte Herren eilig den Mittelgang des Waggons entlang, und ich fragte einen von ihnen nach dem Grund des unvorhergesehenen Aufenthalts, was ihn sofort nervös machte. Er blieb nur kurz stehen, sagte dann eher unwillig, dass sie es eilig hätten, und vorn in der Lok wäre eine Ursachenfindungskommission zusammengetreten, aber eins könne er mit Gewissheit sagen, dass man jetzt noch nichts sagen könne.

Das Ganze dauerte sehr lange. Die Ursachenfindungskommission teilte sich dann in die Lok-Kommission, den Gleis-Rat und den spontanen Informations-Ausschuss.

Zurück ins Schlafzimmer. Eine Orgie in grünlich und gräulich, mit zwei Himmelbetten, einem Riesenbild an der Wand, wo viel schäumendes Meer und ein großes Schiff drauf sind, von dem ich aber annehme, dass es bis Mitternacht schon untergegangen ist, so alt sieht es aus. Renate hat sofort gewusst, woher dieses künstlerische Werk stammt: aus einem Film mit Ruth Leuwerik und O. W. Fischer.

Die Vorstellung, hier Weihnachten verbringen zu müssen, macht uns sehr nervös.

Wahrscheinlich werden sie Nikoläuse schicken und durch das ganze Haus Weihnachtsmusik jagen. Vielleicht müssen wir singen? Dann, sehr verehrte Zuschauer und Zuschauerinnen, bitten wir Sie: Holen Sie uns ab. Holen Sie uns hier raus! Aber um Gottes willen nicht zu Ihrer Firmenweihnachtsfeier!

Diese Art von deutschen Heilandsbegrüßungsaktionen auf Firmenebene, wenn die Vorgesetzten ihre Punschkinder machen in Nebenzimmern, eine christlich getarnte Vollnarkose mit anschließender Überraschung: »Wir sind alle eine große Familie ... aber im Zuge der allgemeinen ...«, man hat ja Verständnis für den armen Mann, der das mitteilen muss. Und dann kommt der Nikolaus.

Aber auch das ist ein bisschen anders geworden. Jeder dritte Nikolaus ist inzwischen kein Deutscher mehr, auf 630-Mark-Job-Basis, meistens sind es unterbezahlte Schwarzarbeiter aus Afghanistan, was sich dann auch lustiger anhört. Als Kinder kannten wir den Originaltext: »Von drauß vom Walde komm ich her, ich muss euch sagen, es weihnachtet sehr ...«

Das klingt jetzt anders: »Wir allen Nikolausen – komm von draußen – wir haben Nussen in Sacken – und müssen Weihnachten knacken.«

Grundwerte

Grundwerte – wo sind sie geblieben?
Die Werte.
Habe ich zusammengetragen.
Glaubwürdigkeit
Treue
Glaube – Liebe – Hoffnung
Freiheit
Barmherzigkeit
Stolz
Würde
Ehre
Güte
Innere Werte
Leberwerte
Bayern
Bier
Passau
Gott
Vertrauen
Einheit
Treuheit … Treuhand Rückhand Vorhand Schwurhand – Ehrenwort Badewanne
Ossi – Wessi
Besserwessi
Cholesterinwerte
Geldwerte
Boris
Besenkammer

Bild

Wo sind sie geblieben?

Einen haben wir noch, den wir fleißig verteidigen, *der* Grundwert, der uns über alles geht: der Wert des Grundes, auf den wir bauen können.

SCHLECHTE LUFT
IM CONTAINER

Wir haben das Gefühl, es tut sich etwas. Das Frühstück war ganz gut. Das Dreigestirn Pietsch-Nefzella-Roggenstroh hat das erste Mal angeklopft. Roggenstroh hat die Klotüre zugemacht. Sie wollen den Garten einigermaßen wiederherstellen. Natürlich nicht die drei, vielmehr wird ein Bus voller Gärtner kommen, und uns wird die ORA-TV die Rechnung schicken.

Was uns aber noch mehr irritiert: Unser Team bekommt Urlaub.

Jo, Cem und Eric haben ihre Sachen gepackt und verabschieden sich von uns. Wir haben die drei sehr gern.

Sie werden ja hoffentlich wiederkommen.

Manchmal waren sie über Gebühr zutraulich. Was uns betrifft, meine ich. Sympathiekundgebungen für die Pietschtruppe habe ich nicht bemerkt.

Wir machen so was wie Urlaub.

Roggenstroh hatte förmlich Ansätze zur Höflichkeit gegenüber Renate. Was ist passiert?

Kommt der Bundeskanzler? Oder ein Kardinal?

Na gut. Dann mach' ich mir mal Gedanken.

Die Pietsch ist eine Wessitante, so wie man sie in den ersten Jahren nach der Ostbescherung unentwegt beschrieben hat.

Vielleicht weiß sie gar nicht, wo das alles liegt, worüber und wovon sie spricht. In Berlin, sagt sie, hält sie sich nur im Westen auf. Was sie darüber sagt, würde zu einer großen Osterheiterung führen.

Sie hat nicht einmal Vorurteile, sie hat nur keine Ahnung. Aber das scheint sie nicht zu beunruhigen. Es ist ihr einfach egal.

Ich bin ja geborener Ostler. Ostpreußen, Pommern und Schlesier galten damals schon östlicher als Osten. In Dresden sah man in uns die »Pauern aus der Walachei«, und die Dresdner waren ganz erstaunt, als wir ihnen sagten, dass wir schon elektrisches Licht haben. Unsere Aussprache schien ihnen unaussprechbar, doch sie sagten im besten Sächsisch: »Sie räden aber gomisch!«

Zum Dank dafür zitierte ich mein Lieblingsgedicht, das ich schon mit vier Jahren häufig aufsagen musste: Es heißt »Der Spärlich« und stammt von Menzel Willem. Als Kostprobe die erste Strophe:

Der Spärlich war a frächer
där flug uff alle Dächer
där flug uff alle Tärme
mit unverschamtem Lärme.

Was aber die Liebe zwischen den Wende-Ossis und den Wende-Wessis angeht, so ist sie nicht direkt enden wollend wie mancher Beifall, aber überschwänglich ist sie auch nicht. Schwänglich ist sie, ja, das kann man sagen. Vorurteile dagegen sind nicht nur geblieben, sie haben sich sehr gut entwickelt. Zum Beispiel:

Wessis sehen immer noch so aus, als säßen sie grundsätzlich in weißen Dinnerjackets bei Candlelight und äßen Bonzenfood, hätten ein eigenes Semmelholspezialauto und die letzten vierzig

Jahre auf Musikdampfern in der Karibik verbracht und hielten das Politbüro für ein Büro für Politiker.

Ossis sind alle viel kleiner, weil sie sich ihren Autos angepasst haben. Sie hätten sich seit vier Jahrzehnten das Lachen in den Kabaretts verbissen, und bei größeren Ansammlungen suchten sie automatisch das Ende der Schlange. Und wenn sie eine Mauer sehen, sind sie ganz erleichtert und verstecken sich dahinter. Sie haben alle gleiche Jacken und gleiche Ansichten und wählen alle die PDS.

Ich muss zugeben, dass aus der Amtssprache der DDR manchmal doch Orientierungshilfe kommt, sodass man komplizierte Sachverhalte blitzartig verstehen kann.

Aus dem Thüringer Finanzministerium kam dieser anregende Hinweis: »Als unbebaute Grundstücke gelten im Allgemeinen Grundstücke, auf denen kein Haus steht.«

So ein Satz liefert natürlich auch eine zweite wichtige Information: Man weiß jetzt auch, was ein *bebautes* Grundstück ist.

Heut ist fast alles geklärt, was die Besitzverhältnisse betrifft. Gleich nach der Befreiung der ostdeutschen Bevölkerung durch die Dresdner, Deutsche und Commerzbank hat der Befreier Kohl triumphierend gerufen:

»Die da drüben haben vierzig Jahre für die Katz gearbeitet, und *wir* haben die Mäuse!«

Heute erst weiß man, dass er's auch so gemeint hat.

Und jetzt wirft er sich in den Berliner Wahlkampf, aus Angst, die Berliner könnten falsch wählen.

Angst, wenn Sie mich fragen, *ich* habe sie nicht. Er, glaube ich schon.

Ich habe immer Angst um die Österreicher, um die Italiener – besonders, wenn sie wählen.

Trotzdem muss man sagen: Gott schütze die Italiener und die Österreicher.

Besonders an der einen Stelle. Ganz oben am Körper.

Ein notwendiger Hinweis:

Jeder, der mal über Plauen und Oelsnitz fährt, sollte darauf achten, dass dicht an der Grenze immer noch ein Volkspolizist steht, der eisern seinen Posten besetzt hält.

Der Grund, warum er genau dort steht, liegt in der Vergangenheit. Als 1968 die DDR-Panzer nach Prag wollten, kamen sie durch Oelsnitz. Jenseits der Grenze hatten die Tschechen die Straßenschilder umgedreht, und so wunderten sich die DDR-Panzermänner, dass sie nach einer Weile wieder in Oelsnitz waren.

Die Geschichte ist so schön, dass sie einfach wahr sein *muss.*

Das ist deutsches Pflichtgefühl und Beharrungsvermögen. Um nicht aus der Übung zu kommen, geht der Vopo hin und wieder zur Grenzstation, und ein paar Mal im Jahr darf er sagen:

»Machense mal 'n Kofferraum auf!« Aber in fließendem Tschechisch.

DAS HAT NOCH GEFEHLT!

Ich höre Geräusche. Ich schaue auf die Uhr. Es ist 3.00 Uhr nachts. Renate wacht auf. Vielleicht habe ich mich getäuscht.

Es knarzt und knistert in diesem Leuwerik-Schlafzimmer. Der Dampfer auf dem Bild ist noch da. Ein Wunder.

Wir liegen direkt darunter. Das Wasser ist so »echt« gemalt, dass ich Angst habe, es läuft uns über den Kopf.

Da! Schon wieder. Unten in der Küche. Da muss jemand an den Küchenstuhl gekommen sein. Ich kenne das Geräusch.

Jetzt hat Renate es auch gehört.

Einbrecher?

Eine Tür fällt ins Schloss. Ja, da ist jemand. Oder habe ich das Fenster aufgelassen? Und der Wind hat…?

Renate schaut mich fordernd an.

Frauen sind viel mutiger, aber der Mann muss sich immer in Gefahr begeben. Eine Waffe haben wir nicht im Haus.

»Renate, wir sollten die Polizei anrufen. Man soll nicht selbst… die Polizei rät dringend ab…«

So müssen früher Speere in die Brust gekracht sein, wie dieser Blick, den Renate auf mich schießt.

Also gut. Ich werde nachschauen. Es wird schon nichts sein. Vielleicht Mäuse? Und ich sage das auch noch.

Ein Fenster splittert.

Renate hat Angst. Ich natürlich auch.

»Mäuse treten selten Fenster ein.« Da hat sie einfach Recht. Die Einbrecher scheinen sich überhaupt keine Mühe zu geben, leise einzubrechen!

Dann sind das gewalttätige Leute. Dann ist das nichts anderes als ein Angriff. Die Pietsch wohnt zu Hause, das Team ist weg, von Nefzella und Roggenstroh hört man nichts. Roggenstroh wird sich unter dem Bett verkriechen. Aber wo ist Knüppel? Moment! Irgendeiner kriecht über das Dach. Was will er denn dort? Wir haben kein Licht angemacht. Ich denke mir, dass es unter diesen Umständen völlig sinnlos ist, »nachzuschauen«. Ich sage: »Renate, bitte kein Licht anmachen!«

Und sie, und ihre Stimme zittert ein bisschen, meint: »Neonazis? Ich habe immer Angst gehabt, dass die einem mal das Haus anzünden.«

»Dann schmeißen die jetzt einen Molotowcocktail durch den Schornstein!«

Ich schließe die Tür ab. Das Telefon ist unten! Halt! Renate hat ein Handy. Aber wo ist das?

Wir haben gestern eine Stunde lang gesucht.

Renate überlegt.

Von draußen fällt ein Lichtschein auf unser Schlafzimmerfenster.

Wir können uns gar nicht schnell genug ducken.

»Wo hast du das Handy?«

»Schrei mich nicht an!«

»Das spielt doch jetzt keine Rolle.«

»Das sagst du immer... ich hab's im Mantel.«

»Schlecht, der ist im Schrank, und der ist unten.«

»Aber im Mantel ist nur das Etui...«

»Bitte, wo ist dann das Handy?«

»Sieh im Bad nach.« Ich gehe ins Bad und schaue nach.

»Da liegt's nicht.«

Wir hören eine Autotür klappen.

Renate: »Jetzt schleppen sie schon unser Zeug weg.«

Und ich: »Welches Zeug? Wir haben doch nichts.«

»Und der Teppich?«

»Da hat mich einer beschissen. Der ist nichts wert.«

»Ach, kuck mal. So erfährt man's.«

»Also, wo hast du das Handy?«

»Es ist nicht meins!«

»Schau in deine Tasche!«

»Meine Handtasche? Die suche ich seit gestern.«

Man hört Geflüster. Direkt vor unserer Tür.

Dann klopft es. Gar nicht mal heftig.

Und in diesem Augenblick geht ein Höllenspektakel los. Um unser Haus herum sieht man blaue Lichter von Polizeiautos, man hört Sirenen und da... ganz deutlich ein Schusswechsel. Zwei Hubschrauber kreisen über dem Haus.

Und die Stimme vor der Tür bittet noch einmal, die Tür zu öffnen. Renate ist schneeweiß im Gesicht, ich vermutlich auch, doch ich öffne die Tür. Vor uns stehen zwei Polizisten, die uns freundlich anlächeln, und einer sagt: »So, jetzt is vorbei, meine Herrschaften, ham ma a bissel Angst ghabt, gell?«

Mir schießt der Zorn hoch, und ich schreie: »Versteckte Kamera!« Doch der Polizist schüttelt den Kopf und meint: »Na, meine Herrschaften, mir versteckа nix – mir finden's wieder. Eahna ham ma aa gfunden.« Und lacht herzlich.

Renate ist noch so perplex, dass sie nicht zu ihrer Wut gefunden hat. Sie bleibt stumm.

Man bittet uns in das Wohnzimmer.

Dort hat sich das Einsatzkamerateam der ORA-TV aufgebaut. Dr. Birkenwasser, die lächelnde Pietsch und die breit grinsenden Nefzella und Roggenstroh. Und Redakteure, Assistenten, Garderobieren, Maskenbildner und... klatschen!! Sie klatschen bei unserem »Auftritt«.

Renate findet zum Zorn und schreit, nein brüllt: »Das war ein blöder, dämlicher und geschmackloser Fernsehscherz. Verlassen Sie sofort unser Haus!«

Dr. Birkenwasser lächelt maliziös: »Das liegt leider nicht in Ihrer Macht. Gegen die von Ihnen selbst unterzeichneten Verträge haben Sie keine Chance. Im Übrigen, wir haben geglaubt, dass wir Ihnen und Ihren Zuschauern mit diesem kleinen Tatort eine Freude bereiten. Außerdem, es ist nichts passiert. Darauf haben wir besonders geachtet. Es war alles genau geplant. Reality ist angesagt, gnädige Frau. Und ich habe das bei den letzten Fernsehpreisverleihen in meiner Rede betont: Ein bisschen muss uns das Publikum bei unserem Eintritt in ein neues Zeitalter schon helfen.

Aber wir wollen die Nacht nicht beenden, ohne uns erkenntlich zu zeigen, und wir haben ein paar Damen und Herren Tatortkommissarinnen und -kommissare, auch Horst Tappert alias Derrick wollte nicht fehlen, eingeladen. Viel Amüsement.«

Wir stehen noch immer fassungs- und wortlos. Die Pietsch hat uns zwei Stühle untergeschoben, wir setzen uns.

Durch die Menge, die uns neugierig betrachtet, schiebt sich ein Herr, den wir als Manfred Krug erkennen, kniet sich vor Renate hin, sagt: »Nicht böse sein, Renatchen, ihr wart gut, besonders du«, gibt uns jeweils eine Telekom-Aktie und verschwindet wieder.

Ich fragte die Pietsch: »Was heißt das, wir waren gut, wer oder welche Kamera kann uns denn im Bild gehabt haben?«

Die Pietsch steht hinter uns, beugt sich herunter und erklärt: »Wir haben zwei Löcher ins Dach gebohrt. Gestern schon.«

Der auf dem Dach war ein Kameramann!

Vor uns haben sich inzwischen sämtliche verfügbaren Fernsehkommissare in einer Reihe aufgestellt, und der allgegenwärtige Fragegünther, der Superstar Jauch, nimmt ratz-fatz die Szene in die Hand. Er verweist zunächst auf die Anwesenheit der beliebten, aber leider verstorbenen Kommissare Erik Ode, Siegfried Lowitz und Gustl Bayrhammer, die, überraschend für uns, in großen Bildern (in Medaillonform) an der Wand hängen, aber nicht nur das, sie werden sich, angetrieben durch ein neues Animationssystem, bewegen, ja sogar am Gespräch teilnehmen.

Jauch fragt die flinke Kommissarin Odenthal: »Wo waren Sie gestern um 16.30 Uhr?«

Odenthal (wie aus der Pistole geschossen): »Auf der Bodenseefähre Konstanz – Meersburg – Mainau – Überlingen und zwar sieben Seeminuten vor der Landung in Unteruhldingen zur Weiterfahrt nach Dingelsdorf… ich korrigiere mich, bis dahin fährt sie nur an Werktagen.«

Jauch: Und mit Erfolg?«

Odenthal: »Nein, der Tatverdächtige war im Urlaub.«

Er wendet sich an das Paar Bär und Behrendt: »Wo waren Sie am
        Mittwoch um 7.20 Uhr?«

Bär antwortet: »Um 7 Uhr 13 Regional-Express Braunschweig
        – Wolfenbüttel – Börssum – Schladen – Vienenburg
        – Bad Harzburg – Oker – Goslar – Langelsheim –
        Seesen.«

Jauch: »Erfolg? Täter gefasst?«

Behrendt: »Nee. Zwischen Vienenburg und Oker hat er nicht
        gehalten.«

Jauch: »Was liegt da?«

Bär: »Bad Harzburg. Da sollten wir aber hin.«

Jauch: »Warum fahren Sie Zug?«

Behrendt: »Wieso? Alles soll doch auf die Schiene.«

Jauch wendet sich an Erik Ode.

Jauch: »Hören und sehen Sie uns?«

Ode: »Jetzt keine Frage, wo ich gewesen bin. Erst soll der
        Wepper dem Tappert sagen: ›Stephan, hol den Wa-
        gen!‹ Die Spannung hält ja keiner aus, bis der das mal
        sagt!«

Jauch: »Wird erledigt. Also, wo waren Sie um sieben?«

Ode: »Wann?«

Jauch: »Na, um sieben.«

Gustl Bayrhammer schaltet sich ein, er beugt sich aus dem Bild
        und ruft dazwischen:

Bayrhammer: »Mei, Bua, wannst net zuahörn kannst, derfst aa
        net fragn. Er meint, an welchem Tag.«

Jauch: »Jetzt darf ich keinen Fehler machen. Am 1. Juli
        1966. Um sieben.«

Ode (grinst): »Das weiß ich. Da habe ich im Zug gesessen von
        Rosenheim nach Ruh*polding*!«

Bayrhammer: »Mein Gott, Ode, du Depp! Des hoasst *Ruh*pol-
          ding!«

Bevor jetzt die anderen 85 Kommissare des Deutschen Fernsehens auch alle noch ihre Fahrpläne aufsagen müssen, treten wir
ab. Das war also das erste animierte, virtuelle Reality-Fernsehen.
  Genau so hatte ich es mir gedacht.

DIE ABRECHNUNG

Renate verhält sich jetzt so, dass ich mich vor ihr fürchte. Sie
sagt nichts. Sie sitzt und schweigt. Genauso wortlos steht sie
dann auf, stößt im Vorbeigehen eine Vase vom Tisch, zertritt die
Scherben, lässt die Schreibmaschine von oben fallen, streicht
einmal mit der Hand durch ihren Gewürzschrank und wirft
die 150 Gewürzflaschen lässig in die Mitte der Küche, und mit
den letzten zehn versucht sie, mich zu treffen. Ich hatte den Augenblick kommen sehen, aber ich hatte nicht geahnt, mit welchen Mitteln die Herrschaften von der ORA-TV arbeiten würden.
  Sie werden eines Tages auch noch Kriege inszenieren mit
käuflichen TV-Legionären, und keine Menschenrechtskommis-
sion wird dagegen etwas einwenden, sondern im Gegenteil die
alte blöde Behauptung aufstellen, die Menschen bräuchten
Kriege, damit sich in ihnen ihr enthaltenes Gewaltpotenzial ent-
laden kann. Dass diese öffentlich-privaten und rechtlich-öffent-
lichen Anstalten inzwischen Riesenkonzerne geworden sind, die
Krupp und Thyssen Konkurrenz machen, die ja nur mit Waffen
für den nationalen Gebrauch und für die vielen wirtschaftlich

dringend wichtigen Verbrecherbanden, die sich stolz Rebellen nennen, hergestellt haben, und dass diese Weltkonzerne die psychologische Kampfführung inzwischen perfekt beherrschen und dass sie die neuen, von ihnen angezettelten Weltkriege schamlos und unbedenklich führen werden, liegt auf der Hand.

Dass wir mit solchen Medienleuten einen Vertrag abgeschlossen haben, lag auch an meiner Neugier. Es wird weiterhin Container geben, auch für »Senioren«, aber nie für die Leute von der HÖWEI, die vielleicht irgendwo in einem so genannten Schurkenstaat sitzen und den Medienmarkt hundertprozentig kontrollieren. Wer zum Beispiel an den Thesen von Frédéric Beigbeder zweifelt, dass wir alle von der Werbung nach Belieben gegängelt, tyrannisiert und ausgenommen werden, hat vermutlich wenig Chancen, Recht zu behalten. Vielleicht fallen Veränderungen in der Akzeptanz der Fernsehprogramme gar nicht mehr auf.

Renate ist nicht explodiert. Sie ist in sich hineingekrochen und sagt sehr bestimmt: »Wir machen Schluss damit!«

Ich kann nur sagen: »Renate, wir haben einen Vertrag. Du weißt doch: ›pacta sunt servanda.‹«

»Ich habe das immer anders interpretiert. Nicht mit dem Pack da, meine ich.«

»Wir müssen Konditionalstrafe bezahlen!«

»Wir legen zusammen!«

»Wir müssen durchhalten, Renate. Nur bis Weihnachten. Ab Weihnachten lassen sie uns in Ruhe.«

»Ich kann nicht mehr. Sie gehen mir auf die Nerven. Du auch, denn du machst alles mit, du hast den Vertrag unterschrieben, du hattest die Idee, das anzunehmen.«

»Das stimmt nicht, Renate, ich war...«

»Kannst du nicht einmal etwas ehrlich zugeben?«

»Das tue ich immer!«

»Und das ist es, was ich an dir so hasse.«

»Ist dir da nicht eine Unlogik aufgefallen?«

»Immer, wenn ich Recht habe, kommst du mit deiner dämlichen Logik.«

»Hör mir zu!«

Das mag Renate gar nicht, weil sie gerade das in Anspruch nimmt, dass sie immer und genau zuhört.

»Wer hat mir denn bei allen unseren Entscheidungen nie zugehört? Wer hat denn immer alles allein entschieden?«

»Du weißt, die ORA rief mich…«

»Meinst du denn wirklich, ich hätte so einen hirnverbrannten Containerstumpfsinn mitgemacht?«

»Aber du hast doch unterschrieben! Verdammt noch mal!«

»Das ist typisch, immer wenn ich ganz sachlich mit dir diskutiere, fängst du an zu schreien.«

»Ich schreie nicht.«

»Hör dir doch zu!«, und trocken nachgeschoben: »Aber das kannst du auch nicht.«

»Nur bis Weihnachten. Und bis Weihnachten ist es nie weit. Weißt du doch.«

»Sollte das eine Pointe sein?«

»Das sind Sätze, die ich besonders liebe. Darauf warte ich immer!«

»Wenn diese Menschen, die inzwischen unser Haus unbewohnbar gemacht haben, nicht bis morgen raus sind, nehme ich meinen Koffer und gehe.«

»Wohin?«

»Das geht dich gar nichts an.«

»Fehlt nur noch, dass du mir auch noch die zwei Löcher im Dach anhängst.«

»Warum nicht? Ich habe dir gesagt, geh runter, schaue nach.

Alles wäre anders gekommen. Aber da du zu feige bist, hast du auch für die Löcher im Dach gerade zu stehen.«

»Wir standen doch gerade und haben gedacht, es sind Einbrecher!«

»Ja! Aber es waren keine!«

»Es hätte mich einer erschießen können!«

»Wer soll *dich* denn erschießen? Lohnt doch nicht.«

Das war jetzt dieser Tropfen, dieser allerletzte, den es ja nur theoretisch gibt. Praktisch hat ihn noch keiner gesehen. Jetzt musste die eigentliche Bombe platzen. Jetzt war es auch schon egal, und jetzt sage ich es ihr.

»Ich habe noch etwas unterschrieben, was dich aber weniger betrifft als mich. Sie werden uns Weihnachten verlassen. Bestimmt! Aber sie kommen wieder. Sie kommen wieder, wenn es bei mir ans Sterben geht. Gemeinsam mit der Aktion ›Aktiv altern‹ werden sie meinen Tod filmen.«

Renate ist starr. Sie sitzt wie gelähmt. Sie fängt an zu zittern.

»Sie werden waas?«

»Meinen Tod verfilmen. Wenn es sich schon nicht lohnt, mich zu erschießen, so bringt mein Tod etwas ein, wovon du dann leben kannst. Und zwar gut. Ich habe gut verhandelt.«

Ich kann und will nicht schildern, was dann geschah. Unser Haus war sowieso fast kaputt. Jo, Cem und Eric kamen wieder und schritten ein. Ich habe fünf Flaschen Wein aus dem Keller geholt.

Und wir berieten, wie wir hier rauskommen könnten.

Jo erzählte, dass das Haus praktisch umstellt ist. Die Pietsch an der Haustür. An jedem Fenster steht einer von dem ORA-Kamera-Kampfteam. Vor der Garage steht der Knüppel, und Roggenstroh bewacht die Kellertür von außen. Um die Ecke steht ein Funkwagen, der in ständiger Verbindung mit dem Sendehaus von ORA-TV steht. Zwecklos.

»Haus anzünden«, schlägt Renate vor.

»Ja, und dann?«, frage ich zurück.

»Dann können sie deinen Tod sofort filmen. Dann gehst du als Container-Johanna durchs Ziel.«

Wir lachen alle erleichtert. Sie war wieder auf dem Boden.

Cem, der Athlet, meinte: »Ich nehme Knüppel, Jo packt die andere Pfeife, dann stürmen wir die Garage und rein ins Auto.«

Schlecht, weil Renate den Autoschlüssel in der Handtasche hat, und die findet sie nicht.

»In dem Dach sind doch die zwei Löcher. Wenn wir die vergrößern und vorher mit dem Handy einen Hubschrauber...«, versuche ich hilfreich zu sein. Geht nicht. Das Handy ist wahrscheinlich in der Handtasche, und Hubschrauber können auf einem Schrägdach sowieso nicht landen.

Plötzlich fängt Renate schallend an zu lachen.

»Weißt du, warum die das ORA-Team hier haben? Die wollen unseren Ausbruchsversuch auch noch drehen!«

Und da meint Cem: »Na, dann brechen wir doch aus.«

Und Jo nickt heftig. »Na klar, wir fahren unseren Materialwagen mit offenen Hintertüren ans Fenster, sodass sie's auch merken, und dann machen wa janz wat Blödes. Wir hopsen rin – Eric braust ab mit uns. Bis zu dem beschrankten Bahnüberjang. Immer um 24.00 Uhr kommt die S-Bahn. Wir bremsen die ORA-Leute bissken aus und denn, kurz bevor die Schranke runterjeht, jeben wa Volljas. Det hat schon ma jeklappt, als ick ne Dame abhängen wollte, die mir uff die Rübe jing.«

Cem hat Bedenken. »Wie viel Vorsprung haben wir denn da?«

Jo: »Paar Minuten. Aber det muss langen. Eric kann wie der Teufel fahren.«

Cem ist dagegen. »Langt nicht.«

Jo fällt was ein. Ihm fällt immer was ein.

»Pass mal uff. Wenn det klappt mit dem kleenen Vorsprung,

weess ick wat. Erste Querstraße rechts rein, und jleich an der Ecke is 'ne Tankstelle. Der Besitzer is 'n Freund von mir.«

Eric ist etwas enttäuscht. »Ja, und dann?«

Jo grinst: »Da is 'ne Waschstraße bei – rein in det Ding und vorne und hinten zumachen. Können die jar nüscht machen. Feierabend – jeschlossen wegen Familienstreitigkeiten – so wat. Sind die ORA-Säcke etwa die Polizei?«

Gegen größte Bedenken von Cem und Eric haben wir es kurz vor der 24-Uhr-S-Bahn, als es schon dunkel wurde, versucht.

Jetzt kann ich's sagen. Wir haben es gemacht. Aber es war knapp. Wir sind gerade noch unter der Schranke durchgekommen, der uns verfolgende ORA-Wagen hat so gebremst, dass die Passanten ihnen den Vogel gezeigt haben. Aber als wir dann mit vier heißen Reifen in die Waschanlage reinbrausen wollten, stand ein anderes Auto drin.

Jetzt könnten sie uns doch noch erwischen. An eines hatten wir überhaupt nicht gedacht. Die Gegenbahn, die in die Innenstadt fährt, hatte Verspätung. Inzwischen war das Auto vor uns weggefahren. Jetzt sind wir für eine Weile in Sicherheit. Raten Sie mal wo.

SCHLAFEN GEHEN –
KURZ VOR DER WERBUNG

Wir sind in dem neuen Heim der Aktion »Aktiv altern«.

Es bot sich an.

Renate hat es erstaunlicherweise verstanden.

Hier sucht man uns nicht. Hier verrät man uns nicht. Pfleger sind unbestechlich, aber sie nehmen gerne mal was. Wir müssen uns nur an die Sitten und Gebräuche des Heims gewöhnen. Gegen 17.00 Uhr werden wir mit sanfter Überredung davon überzeugt, dass wir müde sind.

Als sie uns anschnallen wollten, sagten wir: »Ja, warum nicht? Das ist im Auto auch Pflicht und gibt Sicherheit. Und im Flugzeug muss man es auch.«

Das Essen ist nicht schlechter als in englischen Restaurants. Hie und da bekommt man auch mal 'ne Flasche. Eine Wärmflasche für die Füße und gegen die Inkontinenz. Das alles macht man mit Kindern auch. Wir unterhalten uns gemütlich über Saugkraft und die dadurch gestärkte Kontinenz beziehungsweise das entstehende Sicherheitsgefühl. Ausgang haben wir nicht. Besuche mögen wir gar nicht. Na ja, es könnte der Dr. Birkenbaum sein.

Die Kosten unseres Aufenthalts werden, dessen bin ich sicher, nicht zu knapp ausfallen. Spätestens nach der Verabschiedung des Gesetzes, aber ganz gewiss nach dem Inkrafttreten desselben, hat sich herausgestellt, dass der Mensch kein zu pflegendes Seiendes ist, sondern ein auszunehmendes Könnendes.

Es ist eine Erkenntnis:

Kaum kommt irgendwo Geld hin, kommen Leute, die es haben wollen.

Das Heim der Aktion »Aktiv altern« ist eines von den besseren. Es ist vielleicht sogar das Beste. Nur gut ist es nicht. Es hat den schwärmerischen Namen »Schlümmerchen«.

Wir nennen es Dämmerschuppen.

IN MEINEN FIGUREN IST LEBEN

Es ist heute Mittwoch oder Donnerstag. Aber ich zweifle daran, weil gestern eindeutig Sonntag war.

Ein Pfleger bringt uns das Frühstück. Nicht der Rede wert. Macht nichts, wir haben ja früher oft genug gut gefrühstückt.

Der Pfleger schaut Renate frech an. Man muss es sagen. Rotzfrech. Renate schaut ihn an und wird leichenblass. Sie hält sich die Hand vor den Mund und stammelt: »Firnholzer!«

Ja, er ist es. Der kurz geschorene Rotkopf, die abstehenden Ohren und die zuckende Warze an der Nase.

Er ist verblüfft über seine Ausstrahlung bei Frauen.

Ich kläre Renate auf und auch äh über... diesen Menschen, den ich Firnholzer genannt habe. Er heißt Jeditschka, ist Tscheche und war lange Zeit Kellner in einem Lokal, in dem ich bevorzugt Fisch aß.

Als man ihm drauf kam, dass er statt eines erlesenen 50-Mark-Weins aus San Gimignano einen billigen Pinot Grigio gebracht, den aber teuer verkauft hat, ist er der Geliebte der Heimleiterin von »Schlümmerchen« geworden.

»Entschuldige den Schreck, Renate. Es passiert immer wieder, dass man die eine oder andere Figur in seiner Handlung aus dem Leben stiehlt.«

»Das ist mir völlig klar. Kannst du dich an meine Frau Wonneberger erinnern?«

»Aber wie sollte ich denn nicht!«

»Sie war Kassiererin bei meiner Bank in Berlin, hatte einen japanischen Fitnesstrainer geheiratet und hieß in Wirklichkeit Donatella Sukaki.«

»Donatella Sukaki! Das meinst du nicht ernst.«

»Das war zu viel, ich wusste es.«

»Gab es eine Frau Wonneberger?«

»Ein Mann war sie. Ein Mann. Er sah ganz anders aus. Er war Bratschist bei einer Stadtkapelle im Weserbergland.«

»Und da warst du oft.«

»Nein, einmal. Ich war auf Tournee im Sauerland. 120 Tage mit dem Bus unterwegs und ging im Sauerland auf ein Volksfest. Und bei der Tombola habe ich den Hauptgewinn gezogen.«

»Ein Auto.«

»Nein, eine dreitägige Busfahrt ins Weserbergland.«

»Und da hast du ihn lieben gelernt?«

»Nein, verabscheuen. Er war ungewöhnlich hässlich und spielte ganz schlecht Bratsche.«

»Aha, so viel zu Frau Wonneberger.«

»Knips doch mal dem Herrn Firnholzer, ich möchte einen Kaffee.«

»Er heißt Jeditschka.«

HAPPY END

Wir wussten von vornherein, als wir ins »Schlümmerchen« gingen, dass wir nur eine kurze Zeit dort verbringen würden. Dr. Rodelka, unser Anwalt, hatte längst eine Klage gegen den Vertragspartner ORA-TV eingereicht. Und ihr wurde stattgegeben. Rodelka meinte vorher: »Die Verträge sind unsittlich, und wir gewinnen den Prozess.« Und wir bezogen wieder unser Haus mit den zwei Löchern.

Zum Schluss sei gesagt: Sobald wir Reality-TV hören, lassen wir sofort unseren Pater Lorenz kommen, und der betet für uns drei Vaterunser. Noch *vor* der Werbung.